La chance de ma vie

Théo Curin

avec Dominique Bonnot

La chance de ma vie

J'ai fait de ma différence une force

Flammarion

ISBN : 978-2-0802-5889-2

À mon grand-père.

Prologue

C'est peut-être un après-midi de fin juin. Peut-être. Il fait déjà assez chaud. Je suis vêtu d'un bermuda beige et d'un petit polo rayé que j'aime bien. Un soleil aveuglant semble accroché tout là-haut, mais alors vraiment très, très haut, dans le ciel azur. En m'installant sur la balançoire, je me dis : vas-y, propulse-toi de toutes tes forces, Théo, et tu réussiras peut-être – va savoir – à toucher ce ciel et sa grosse boule blanche de la pointe de tes chaussures.

Le portique en fer est immense. Il y a un océan d'espace entre le ras du gazon et la tablette en bois retenue par deux solides cordes, elles-mêmes fixées à leur sommet par deux crochets en tire-bouchon. De quoi balancer mes jambes en rythme – pliées derrière, tendues devant – afin d'accompagner l'élan impulsé par un puissant mouvement d'épaules. Je coince les deux cordes entre mon torse et mes bras, sous les aisselles. Je me sens parfaitement en sécurité pour coordonner mes poussées et prendre de plus en plus de vitesse, de plus en plus de hauteur.

Je propulse mes jambes avec énergie mais sans secousses et, à chaque passage, je me rapproche ainsi de mon objectif : le soleil. J'apprécie les merveilleuses sensations que produisent la pesanteur dans l'estomac, ce sentiment de liberté, de béatitude qu'on éprouve dans pareil moment, tête renversée…

Et puis soudain, la méchante surprise : je vois ma jambe droite se désolidariser du reste de mon corps – et partir en planchette pour finir sa course derrière un bosquet. À cinq ou six mètres. C'est-à-dire nulle part.

Après quelques secondes de trouble, voire de sidération, je me dis : « Eh ben, t'as pas l'air d'un con, tiens. Ta jambe vient de s'évader, Théo. »

J'ouvre des yeux ronds comme des billes et, tout en commençant à décélérer d'autant plus facilement que je n'ai plus qu'une jambe en action, je dialogue avec moi-même : « OK, et je fais quoi, maintenant ? »

J'y vais d'un regard circulaire sur le paysage : personne. Pas un quidam. Pas même un clébard à qui je peux demander de me rapporter ma jambe entre ses mâchoires. Et je ne me vois pas hurler. Il y a des limites au ridicule.

La balançoire se stabilise enfin et j'essaie de réfléchir. Je ne suis pas bien vieux, mais j'ai déjà acquis le réflexe de trouver – par moi-même, si possible – une solution à tout problème. Mais là, rien ne vient. Aucune idée. Zéro. Que dalle. Assis comme un crétin sur ma balançoire, face au vide sidéral de ma pensée et au cocasse de la situation, je finis par éclater de rire…

En me hissant un peu, j'aperçois ma prothèse plantée comme un parapluie au milieu d'un massif de fleurs. En clair, je n'ai aucun moyen d'aller la récupérer tout seul. Aucun. À cloche-pied sur mon autre prothèse ? Pas question, évidemment. Je ne me vois pas davantage ramper façon G.I. sur mes « moignons mignons » – c'est ainsi que j'avais surnommé mes bras amputés au niveau des coudes.

Car, oui, je suis amputé des quatre membres.

Il m'arrive, quand j'ai des petits bobos causés par le frottement de mes prothèses de jambe sur ma peau trop fine, de les laisser au vestiaire et de me déplacer en fauteuil. Mais ce jour-là, pas de fauteuil. Je n'ai rien à quoi me raccrocher. Alors je tue le temps en chantonnant des histoires à dormir debout.

Et puis, c'est le miracle, une jeune femme apparaît. C'est Laure, elle m'aime bien, je l'aime beaucoup, et je vous reparlerai d'elle. Elle se dirige d'abord vers moi :

« Comment ça va, mon Théo ?

— À la perfection. Ma jambe s'est barrée dans les fleurs. »

Sans pouvoir m'arrêter de rire, je lui indique la direction. D'un pas tranquille, elle va la récupérer et elle revient vers moi. Avec un calme et un sang-froid presque inconcevables, des gestes à la fois mécaniques et pleins de douceur, elle m'aide à refixer cette foutue jambe droite.

« Tu veux que je t'aide à descendre, Théo ? me demande-t-elle si gentiment.

— Ah ben je me referais bien un petit coup de balançoire, moi ! » réponds-je.

Et puis je me remets à gamberger. Je vois alors mes quatre membres se faire la belle sans me demander la permission et, d'un coup, mon rire se transforme en fou rire.

J'ai huit ans.

Et ce fou rire inarrêtable est à l'image de l'aventure qui va suivre.

Chapitre 1

18 mai 2006. Un jeudi à Lunéville. Je viens de fêter mes six ans. Comme tous les matins, Maman pénètre dans ma chambre pour me réveiller. Elle est déjà prête pour aller à son travail – hôtesse de caisse chez Cora – et elle voit tout de suite que je ne vais pas bien du tout. Maux de tête, nuque raide, fièvre de cheval : pas loin de quarante degrés… Je pleurniche, je gémis, ce qui n'est pas mon style. À l'époque, j'étais un tantinet casse-cou : je me prenais en vrac des portes, des coins de table, je tombais de vélo, comme si de rien n'était. Un vrai petit dur. Une fois, allez savoir comment, un caillou grotesque est venu s'incruster au beau milieu de mon front. Quand on a foncé aux urgences de Lunéville, je n'ai pas bronché. Quelques points de suture, un petit pansement et hop, retour à la maison – sans larmes ni plaintes. Donc, ce matin, quand Maman me voit dans cet état-là, elle me conduit direct chez la pédiatre.

Après auscultation, celle-ci estime que j'ai dû attraper un virus quelconque : « Déposez le petit chez la nounou, et qu'elle surveille sa température. » En cas d'urgence, elle appellera mes parents.

Comme mon état empire, la nounou affolée demande à mon père de venir me chercher. À la maison, il m'allonge sur une petite banquette pour pouvoir travailler à côté de moi – Papa est employé au service informatique de la SNCF et il a demandé son après-midi. À intervalles réguliers, il contrôle ma température et les prises de Doliprane. Il est beaucoup moins inquiet que Maman. Il me répète : « T'inquiète, lundi, tu retourneras à l'école. » Mais quand il voit le mercure grimper à quarante et un et moi en train de délirer, de raconter n'importe quoi et, surtout, d'être pris de convulsions, il compose le 18. Les pompiers. Ensuite, tout va très vite. Le temps que Papa prévienne Maman, les pompiers débarquent et demandent des serviettes humides pour tenter de faire redescendre la température. Maman nous rejoint à la maison, et tout ce petit monde file alors au centre des urgences de Lunéville, sauf Océane, ma sœur, confiée à l'une de mes tantes.

À l'hôpital, une urgentiste, la pédiatre d'astreinte, me déshabille, et ce qu'elle voit ne lui plaît pas du tout. Une diagonale pourpre barre mon torse. « Suspicion de méningite », lâche-t-elle. Sur-le-champ, elle procède elle-même à une ponction lombaire. Une aiguille monstrueuse. Cette fois, paraît-il, je hurle. Et j'ai le crâne qui explose. Le résultat est sans appel. Son intuition est la bonne. Elle précise : « Nous ne sommes pas équipés pour prendre en charge le petit. J'appelle le CHU Brabois de Nancy. Là-bas, croyez-moi, on va bien s'occuper de lui. » Cette femme vient de me sauver la vie.

Moi je suis dans le potage, mais Papa m'a raconté la scène. Les brancardiers de l'hôpital Brabois débarquent d'un film de science-fiction. Habillés en cosmonautes, en tenue de fin du monde, d'Apocalypse – alerte rouge au virus qui va détruire la planète… Je regrette vraiment d'avoir loupé ça.

Vers 22 heures, mes parents reçoivent un coup de fil de l'hôpital. « Pouvez-vous venir *tout de suite* ? Oui, c'est grave, c'est sérieux. » De Lunéville jusqu'à Nancy, j'imagine que Maman s'est arrêtée de respirer.

J'apprendrai plus tard que mes parents ne comprennent pas tout à fait le sens des mots. *Purpura fulminans*. Forme sévère de septicémie. Coagulation du sang et nécrose. Infection invasive à méningocoques. En bref, une méningite bactérienne foudroyante. Pour Papa, une méningite, c'était comme une rhinopharyngite. Pour Maman, ce n'était pas plus qu'une laryngite. En revanche, avec le chirurgien et le prothésiste, la suite les éclaire et les assombrit aussitôt. Il est question de « pronostic vital engagé » et, le soir même, on évoque déjà le spectre d'une amputation. Un professeur de Brabois, qui pense les rassurer, leur assène le premier coup sur le crâne : « On va quand même essayer de sauver les genoux. C'est plus facile pour fixer des prothèses, et comme ça, il pourra marcher. » Et, juste derrière, il leur met une deuxième couche : « On va essayer de lui sauver au moins deux doigts pour qu'il ait un système de pinces. C'est quand même plus facile pour attraper des objets. » Tête des parents. Dans la foulée, ils apprennent que leur enfant est intubé et plongé dans un coma artificiel. Mais Maman se ressaisit et, avec une force incroyable, lâche au professeur : « M'en fous. Faites tout votre possible pour que mon enfant vive ! »

Cette nuit-là, dans la voiture qui les ramène à Lunéville, Papa résumera la situation à sa façon : « Je suis sorti de là *dévasté complet.* »

*

Le week-end, à la fraîche, mes parents sont de retour sur le champ de bataille. À Nancy, ils sont d'abord pris en charge par la psychologue clinicienne. Sidonie. La si jolie Sidonie. D'entrée, Maman la bombarde de questions : « Comment se comporter au mieux avec Théo ? Qu'est-ce qu'on doit faire ? Qu'est-ce qu'on ne doit pas faire ? » Et Sidonie de répondre avec des mots simples : « L'aimer. Le couvrir d'amour. C'est capital. Pas de dramatisation. Le rassurer – *toujours*. Et je me répète : à la seconde même où vous entrez dans sa chambre, vous l'irradiez de tout votre amour. » Et ça, c'est un discours que Maman comprend. Apprécie. Applique.

On les déguise à leur tour. Charlottes, surblouses de couleur verte, masques. Direction l'unité de soins intensifs. Direction Théo. On vient de me réveiller. J'ouvre un peu plus les yeux sur leurs sourires. Les voir habillés ainsi, de chaque côté de mon lit, ça ne me plaît pas. Mais alors, pas du tout. J'ai vraiment l'impression d'être l'émissaire de la maladie – et même d'incarner la bactérie. Et puis je vois qu'ils ont mal pour moi. Mais Maman se reprend, me couvre alors de baisers et me prend dans ses bras. Et je revois Papa toucher avec beaucoup de tendresse mes énormes pansements, complètement disproportionnés par rapport à la taille de mon corps, et faire des « papouilles » à ces foutus pansements…

Sidonie appréciera.

Dans la chambre et devant mes parents, l'infirmière de service m'annonce la couleur d'une voix douce. La couleur noire. La couleur du charbon. Celle de mes bras, de mes jambes. Elle m'annonce avec ses mots à elle qu'on va me couper les mains, les pieds, et tout ça. « Théo, tu les as vus, tes pieds, tu as vu la couleur de tes mains ? Ils sont tout noirs, non ? Eh bien, pour que ça aille mieux, on va enlever le noir… » Et je réponds : « Ben alors, mes pieds, mes mains, ils seront de quelle couleur, après ? » Là, l'infirmière ne sait plus quoi dire.

Désarmée. Le professeur, qui a assisté à la fin de la scène, vient à sa rescousse : « Tu auras des prothèses, Théo, tu pourras marcher, courir, et ça va aller mieux. » Ah bon ? Mais moi, je veux en savoir un peu plus : « Et je pourrai mettre des chaussettes ? »

Un silence.

Et tout le monde éclate de rire.

Par la bouche de Papa, j'apprendrai qu'une fois dans le couloir, une fois la porte refermée derrière eux, il s'épanchera sur l'épaule de Maman : « Tu as vu le bout de ses doigts ? On dirait que ses phalanges vont tomber en cendres… » Et mes parents d'éclater en sanglots.

Ils se raccrochent à toutes les branches. Un soir, Papa aperçoit une religieuse qui se glisse dans ma chambre. Il est dans un tel état qu'il se dit : « C'est peut-être un songe, là, je rêve. » Au bout d'un moment, la bonne sœur ressort sur la pointe des pieds. Et sur une phrase rassurante : « Ne vous inquiétez plus. Il s'en sortira. » Papa, qui redoutait qu'elle soit venue pour l'extrême-onction, a pris ça comme un gage de Dieu en personne. Pour les parents, tout ce qui pouvait ressembler à un signe positif – même un truc tombé du ciel – était forcément bon à prendre.

*

Tous les matins, Maman monte dans le tramway qui relie les trente-cinq kilomètres séparant

Lunéville de Nancy. Neuf stations jusqu'à l'hôpital. Telle une boule d'amour, elle apparaît dans ma chambre à 10 heures et roule jusqu'à mon lit pour me couvrir de baisers et de câlins. Parfois, elle tarde, mais une de mes éducatrices chéries, Emmanuelle, m'a fabriqué une horloge en carton avec de fines aiguilles en bois pour m'aider à patienter – et m'apprendre à lire l'heure. La présence de Maman me semble tout à fait naturelle. En vérité, elle ne l'est pas. Dès les premières heures, et avec la complicité active du corps médical, elle déroge à tout protocole. Dans un premier temps, médecins et infirmières sont touchés par cette relation fusionnelle. Dans un deuxième temps, ils constatent l'effet thérapeutique de cet amour sans limites sur moi. Dont acte. Maman est intégrée à l'équipe, et c'est ce qui va tout changer.

Et puis, il y a l'arrivée de Spider-Man.

Dans la famille Curin – c'est nous, ça –, on ne partait jamais en vacances à la mer, mais les parents mettaient toutes leurs économies pour nous inonder de cadeaux, ma grande sœur et moi. Mon héros, mon copain à moi, c'est Spider-Man. L'Homme-Araignée. J'ai toute la collection, tous les modèles, mais il y en a un qui m'encourage à lui ressembler. À me surpasser. En taille, il doit bien mesurer trente centimètres. Avec sa tenue moulante de plastique rouge et bleu, il est d'une beauté, d'une classe, d'un courage. Et un matin, comme par enchantement, je me réveille et il est là. Dans mon lit. Avec moi. De toute évidence, mes parents sont passés par là.

Il me fixe de ses yeux en triangle et me glisse : « Ça va le faire, Théo. » Il m'envoie toute l'énergie dont il dispose pour escalader – comme si c'était trois fois rien – des gratte-ciel new-yorkais de cinquante-deux étages. J'ai compris. Je lui réponds. Je serre alors mes membres nécrosés contre lui. Je m'infuse de Spider-Man. Je *suis* Spider-Man.

Et le feuilleton commence.

D'abord, la jambe droite. Ou la gauche – je ne sais plus trop bien. Amputation tibiale. Coupée sous le genou… Puis les deux bras, l'un après l'autre, en dessous des coudes. Chaque amputation est précédée d'une demande d'autorisation parentale. Pour tailler dans le vif à la frontière de la nécrose, le chirurgien a effectivement besoin du consentement de Papa et Maman. On a encore un petit espoir : sauver ma seconde jambe. Mais, hélas, cette espérance vole assez vite en éclats. Maman s'isole alors dans un bureau, appelle Papa à son boulot et là, elle craque complètement. Elle s'effondre, elle est en pleurs : « Dominique ? C'est Stéphanie ! Ils viennent de lui couper sa jambe, et en urgence ! Théo faisait un début de septicémie ! C'était *vraiment* une question de vie ou de mort ! »

Papa, qui d'ordinaire revient chercher Maman vers 19 heures, quitte son bureau et arrive en catastrophe. Maman est encore sous le choc : « Cette fois-ci, ils ont dû la lui sectionner un peu plus haut que l'autre… »

On me remonte du bloc. J'émerge de l'anesthésie générale et, un tantinet soulagé, j'ouvre les yeux sur un sourire lumineux de Maman. Le regard attendri de Papa. Et les mots d'amour et les câlins reprennent. Ce soir-là, mes parents à peine repartis, je reste en compagnie de mon ami fidèle : Spider-Man. Qui me gratifie d'un clin d'œil complice : « Qu'est-ce que je t'avais dit ? Je suis content de toi, mon Théo. »

Ce 18 mai 2006, quand j'arrive à l'hôpital Brabois, j'ai encore mes mains. Autour du poignet droit, on me fixe le bracelet d'admission… Avant l'amputation, le chirurgien a la délicatesse de l'enrouler autour de la taille de mon « doudou Spider ». En principe, les doudous des enfants n'ont pas le droit d'accéder au bloc. Tout doit être aseptisé. On ne prend aucun risque. Mais mon « doudou Spider », lui, fera exception. Il m'accompagne. Il ne me quittera plus. Il va veiller sur moi jusqu'au bout. J'ai l'impression d'être un véritable *privilégié*, et cette sensation va se renforcer à chaque étape de mon existence… Quand on me laissera sortir de l'hôpital, Papa nous ramènera tous à la maison : le Spider-Man et le bracelet y sont toujours. Et aujourd'hui, à mon âge canonique, je ne suis pas près de m'en séparer. C'est mon talisman. C'est mon porte-bonheur.

*

Quelques jours encore, et le chirurgien convoque Maman. J'imagine ses battements de cœur. L'homme en blanc la délivre : « Théo est sauvé. Il va vivre ! » Maman me confessera qu'à cette seconde-là, elle a dû « faire un gros effort sur [elle]-même pour ne pas lui sauter au cou et l'embrasser à n'en plus finir ». Victoire sur la nécrose. Victoire de Maman. Victoire de Papa. Victoire de Spider-Man. Victoire de l'amour.

D'une relation fusionnelle qui, dès les premières secondes, trouve sa source et s'épanouit dans l'épreuve, et puis bascule dans l'indiscutable et le grandiose. La joie de Maman de pouvoir nous projeter dans la Vie devient Joie de vivre immédiate. Et dès lors, ce constat, ce théorème, cette philosophie ne seront plus jamais remis en question.

Et c'est contagieux, paraît-il.

Bien des années après, Maman me répétera les confessions des infirmières. Dont une, qui m'accompagnait au bloc quand j'ai subi mes amputations : « Vous savez, Stéphanie, j'ai vécu des scènes accablantes, attristantes, des scènes à vous fendre le cœur. Des enfants amputés de trois membres anéantis par leur malheur, leur désespoir, leur épouvante, et des familles entières défigurées par la tristesse, dévastées par le chagrin… Et notre Théo, lui, qui perd ses quatre membres, et vous, sa maman, radieuse avec son enfant, et les deux ensemble, à longueur de journée, qui ne sont que rire, bonheur, lumière – avec, en renfort, un papa totalement attendri... Mais quelle leçon, quel cadeau vous nous offrez ! Vous nous faites vraiment du bien, voyez-vous. Et les médecins, eux aussi, sont sidérés et ils en profitent pour se poser à leur tour quelques questions fondamentales sur les vertus thérapeutiques que procure un amour à ce point fusionnel... » Témoignage d'une autre éducatrice qui, elle, œuvrait en réanimation : « Quand Théo est parti au bloc, c'était une momie. Il était tout gris, tout pâle, les traits tirés. En fait, il était réellement en train de s'éteindre, de mourir. C'était l'opération de la dernière chance. Et après l'ultime amputation, on l'a vu revivre, ce gamin. On l'a vu retrouver des couleurs. C'était à se pincer. C'était hallucinant. »

Alors, moi, tout ça me passe *carrément* au-dessus de la tête. Je n'y vois rien de remarquable, rien d'exceptionnel. Que du banal. Que du normal. En réalité, un « banal » très chanceux et un « normal » pas normal du tout. Je suis baigné dans le bonheur, aimé, traité, choyé comme un petit prince. Par tout le monde. Car, effectivement, tout le personnel semble irradié par un spectacle aussi paradoxal – et s'intègre, se fond dans cette atmosphère liée au courage, à la force, à l'amour fou d'une maman pour son petit garçon. Ou comment transformer un cauchemar total en merveilleux conte de fées. Et comment cela me fait surmonter les douleurs des plaies à vif liées aux changements de mes pansements. Dans ces moments-là, mon infirmière préférée, Emmanuelle, est au diapason de ma maman. Elle m'abreuve d'histoires de chevaliers intergalactiques, de cow-boys, de capitaines fantastiques. Moi, là, je démarre au quart de tour. Et, comme par magie, mes douleurs s'évaporent. D'autant qu'en prime, avant chaque séance de renouvellement des pansements, Emmanuelle me fait respirer du gaz hilarant. Mes rêveries se mêlent à mes rires et à mes fous rires. Je suis bien. Je suis heureux.

Quoique. L'enfant roi a quelques remarques à faire sur la bouffe de l'hôpital. Peut mieux faire. C'est pas à la hauteur. Alors je prends les affaires en main. Après tout, j'ai déjà six ans. À cet âge-là, on a quand même le droit d'avoir un avis et de l'exprimer, non ? Je demande à Maman et à Emmanuelle, *mon* infirmière, ma grande copine, d'organiser une « pizza party » dans ma chambre. Voilà. Et on invite tout le monde à déjeuner. Infirmières, aides-soignantes, brancardiers, chirurgien, professeur, toute la bande, quoi. Et figurez-vous que ça va se produire. Dans un premier temps, avec mon aide, Emmanuelle rédige une invitation officielle qu'elle adresse à toutes les personnes concernées par mon décret royal. Dans l'attente du grand jour, elle me bricole une installation de fortune pour que je puisse me frotter à ma pizza ou à tout ce qui défile dans mon assiette. Elle fixe un bracelet d'élastiques autour du pansement qui couvre mon moignon, à travers lequel je peux glisser à mon gré cuillère ou fourchette... Et puis la « pizza party » devient une réalité joyeuse, épatante. Gros succès.

*

La fin de l'été se profile sur la ville de Nancy – et ma sortie de l'hôpital Brabois. Elle s'annonce d'abord sous la forme de quelques fugues autorisées les week-ends. J'ai un seau fixé à ce qu'il me reste de jambe, avec un drain pour évacuer le « sang souillé » qui suinte de mon genou, lequel est toujours menacé par un méchant staphylocoque.

Premiers moments d'exception. Dans une autre vie, la famille Curin aurait fêté ça « à l'ancienne ». Dans la maison de ma tante, où toutes et tous, à l'occasion, avions plaisir à nous retrouver pour fêter les bons moments : adultes, enfants, frères, sœurs, cousines, cousins. Et, au premier rang, l'appui majeur de Papy, le papa de Maman, qui débarquait là-dedans avec ses munitions fatales : tartes à la rhubarbe, tartes aux poires, tartes aux abricots.

Mais, cette fois-ci, ce ne sera pas le cas. Pour ces week-ends hors du temps, nous éprouvons le besoin de rester entre nous. Blottis dans notre intimité. Papa, Maman, ma sœur et moi – sans oublier Spider-Man, faut-il le préciser ? D'entrée, j'ai une envie obsessionnelle logée au plus profond de moi-même depuis des semaines et des semaines : les spaghettis à la bolognaise de ma maman. Toujours au service de « Sa Majesté », Maman s'y colle. Je coince alors ma fourchette dans l'appareillage d'élastiques élaboré par Emmanuelle. Voilà. C'est bon. Je suis prêt. J'attends. Je frétille. Je ne tiens plus en place… Arrivée des « bolos maison » – enfin ! Je me jette dessus. Je me jette dedans. Et c'est le désastre. Les spaghettis partent dans tous les sens. C'est une explosion, une voltige de spaghettis. J'en fous absolument partout. Silence général. Silence suivi d'une explosion de rires collective et magistrale. Mais, même en riant jusqu'aux larmes, je ne m'avoue pas vaincu. J'y retourne. Et là, évidemment, c'est pire. C'est un film d'horreur. Les spaghettis traversent la salle à manger. Avec les parents et ma grande sœur, on se désintègre de rire. Après le gaz hilarant d'Emmanuelle, voici les spaghettis hilarants de Maman. Je me refuse à abdiquer. D'un regard d'enfant éploré, j'interroge Spider-Man : « J'ai vraiment l'air d'une brêle avec mes spaghettis volants. Qu'est-ce que je fais, Spider ? » Réponse : « Tu insistes, mais tu te calmes. » Compris. Je décompresse et j'y retourne. Au prix d'un effort intense, je parviens à enrouler deux malheureux spaghettis autour de ma fourchette et je les porte à ma bouche. C'est super bon. C'est ma première grande victoire.

*

Tandis que Papa nous conduit en voiture vers l'Institut régional de réadaptation (IRR) de

Flavigny, de mon autre vie, celle que j'ai laissée derrière moi dès la minute où j'ai été parachuté sur l'hôpital Brabois, je n'ai pour l'heure qu'un souvenir en poche. Un seul. Mon pouce. Depuis ma plus petite enfance, je suce mon pouce. Cela rend Maman dingue : « Arrête, Théo ! Arrête de sucer ton pouce ! » Je lui réponds d'accord, d'accord, j'arrête, et puis bien sûr je continue. Je ne *peux pas* m'arrêter. Maman : « Dis-moi, Théo, tu vas le sucer jusqu'à quel âge, ton pouce ? Regarde, il est tout irrité ! Ça ne t'intéresse pas de vouloir grandir un jour ? » Moi : « Si, si... » Et trois secondes après, je le remets à la bouche.

À Nancy, j'ai subi au bloc des amputations des bras, et donc des mains, et donc des pouces. C'est peut-être un peu radical comme méthode, mais j'ai arrêté de sucer mon pouce.

Et ainsi, du haut de mes six ans, je suis devenu une grande personne.

Chapitre 2

De mémoire, cela ressemble à une drôle de caserne. Un bâtiment imposant que jouxte une cour carrée sur laquelle on a planté une balançoire, des bosquets et les indispensables massifs de fleurs pour donner quelques couleurs à l'ensemble. Dans les faits, c'est un ancien sanatorium – un « préventorium », comme ils disent – qui remonte à 1920 et qui balise, en gros, l'histoire de la région et de ses crampes. À l'origine, des enfants tuberculeux furent les premiers pensionnaires de l'IRR. Avec l'apparition de nouvelles bâtisses, la destination de cet établissement évoluera au fil des époques. Après les martyrs de la tuberculose viendront ceux de la poliomyélite. Puis, en vrac, les jeunes victimes de toutes les violences inimaginables des adultes, suivies par les enfants porteurs de la trisomie 21, les myopathes, les épileptiques, les cancéreux, les handicapés, les accidentés, les paralysés… Dit ainsi, j'admets que ce n'est pas d'une franche gaieté, mais en principe, on ne vient pas là pour se marrer.

À l'intérieur, un couloir interminable, et une salle qui me paraît immense où sont réunis des gens en blouse blanche – ou pas – qui dissertent sur mon cas. Avec Papa et Maman, nous sommes sagement assis. Et ça parle, et ça parle – ça n'en finit pas. Je commence à tortiller des fesses. C'est bon, les amis. Il est temps que j'intervienne. Sans ranger mon sourire, je me permets l'impensable : « Et mes jambes ? C'est quand, qu'on me met des jambes ? »

Toutes les têtes se tournent vers le petit. Après un silence de circonstance, un médecin me répond avec douceur et gentillesse : « Pas avant *au moins* deux mois, Théo. Il faut que tes membres cicatrisent, et puis tu dois entreprendre une rééducation. »

J'encaisse le coup. C'est que moi, mes prothèses, je les attends comme un fou. Je *veux* marcher. Je *vais* marcher. Je sais déjà qu'elles seront le symbole actif de ma renaissance. Je le vois. Je le sens. Je l'éprouve jusqu'au plus profond de ma petite personne.

Allez. D'accord. Deux mois.

« Et l'école ? J'y vais quand, moi, à l'école ? Elle est où, la salle de classe ? »

On est mi-septembre, c'est la rentrée scolaire. À l'IRR de Flavigny, on éduque, on rééduque, et l'élève Théo a hâte de s'y coller.

De cette journée, où ils parlent à n'en plus finir de « tanks », de « *nursing* », de thérapies, de prise en charge, d'appareillage, de laboratoire de mouvements, il ne me reste quasi rien. Figurez-vous que j'ai un très, très gros problème avec ma mémoire. Elle est plus que sélective. Toute ma vie, j'aurai la fâcheuse habitude de ne retenir que le meilleur, le dénouement heureux, le *happy end* de toutes les situations, de toutes mes envies, de tous mes rêves, et le reste, les obstacles, les difficultés, les épreuves, je les occulte, je les oublie, je les efface. C'est comme ça. Je suis une ardoise magique.

À l'hôpital Brabois de Nancy, il y avait Emmanuelle. À l'IRR de Flavigny, il y a une jeune femme qui, ce matin-là, me fixe avec une réelle tendresse. C'est Laure. Laure Noisette. Au cœur du « service des petits » (jusqu'à six ou sept ans), elle sera mon écureuil à moi – et aussi ma mémoire.

Mon écureuil tient son journal de bord.

Quand on a appris l'arrivée d'un gosse de six ans amputé des quatre membres, avec ma collègue du jour, nous sommes restées pétrifiées. Qu'est-ce qu'on allait bien pouvoir lui apporter ? Pareille réflexion d'une soignante – habituée à des situations réellement cauchemardesques – peut paraître idiote, mais là, je me suis sentie totalement bouleversée... Et puis les voilà qui se présentent à nous. Les parents paraissent incroyablement calmes, souriants, confiants, sereins. Ni abattus ni résignés. Sur le coup, je me demande si ce n'est pas une façade. Mais je comprends dans la minute que c'est tout le contraire, et je me sens presque ridicule d'avoir douté. Ce sont eux qui nous rassurent. C'est le monde à l'envers... Assis à la table entre sa maman et son papa, Théo, un peu pâle, un peu frêle, affiche néanmoins un sourire lumineux, communicatif. Il a une telle patate, une telle pêche. Dès les premières secondes, et alors qu'il se fout éperdument de notre baratin, il a le don de nous embarquer toutes et tous dans sa bonne humeur... Au quotidien, c'est notre rôle d'apporter du soutien à ces enfants. Comment aurais-je pu imaginer à quel point c'était lui, ce bout de chou, qui allait tant me donner ? Et ainsi changer ma vie [1].

Je ne devrais pas être ici. Sur le papier, c'est trop tôt. En théorie, l'état de mes cicatrices ensanglantées ne le permet pas. C'est déconseillé. C'est même risqué. L'infection n'est jamais très loin. Et surtout, surtout, on ne peut pas poser des prothèses sur des plaies à vif ou des peaux trop fines. La raison aurait donc voulu qu'on me garde quelques semaines de plus à Brabois et ensuite, une fois les moignons cicatrisés, on aurait enchaîné sur l'étape suivante.

Eh bien, non.

Il se trouve que des médecins font la navette entre Nancy et Flavigny et sont habilités à écourter

1. Tous les passages en italique où l'on entend la voix de Laure : Laure Noisette, entretiens avec les auteurs (2021), et extraits de son journal de bord.

le séjour de certains enfants à l'hôpital et accélérer leur prise en charge – scolarité, soins, rééducation – dans les services de l'IRR. À un moment, un médecin nous a passés en revue. S'est arrêté sur moi. Ce jour-là, je ne sais pas trop ce que je lui ai envoyé. Mon sourire ? Ma détermination ? Mon impatience ? Toujours est-il qu'il a lancé à la cantonade : « Lui, oui. Cet enfant a sa place chez nous. On va pouvoir déjà lui apporter des choses… »

J'étais fou de joie. Ce qui importait pour moi, c'était que ça avance. Mon ambition, je me répète, c'était de marcher au plus vite. Comme tout le monde. Et, bref, tout faire pour accélérer le mouvement. Foncer. Je n'avais que ça en tête.

Mais à Flavigny, je n'avais pas prévu l'impensable. Être séparé de Maman. Pour moi, me fait-on comprendre, ce sera l'internat. Qui se justifie par le manège incessant des plaies à nettoyer, des pansements à poser, à changer. Dans le cadre de l'internat, les règles de l'IRR impliquent que l'enfant ne sorte que pour les week-ends. Ça ne va pas être possible, ça… Car le secret de notre force, à Maman et moi, c'est d'être toujours ensemble, se sourire, s'épauler. Pour vaincre, j'ai besoin de son amour total, de sa sérénité, de ses câlins. Entre nous, dites-vous bien que c'est une vieille histoire. À ma naissance, Maman a laissé de côté son boulot pendant trois ans afin de s'occuper de moi. Au même âge, ma sœur n'avait pas eu cette chance :

Maman devait gagner sa vie et Océane a dû prendre le chemin de la crèche.

Cela n'a pas été si facile, mais le problème a été réglé vite fait – à peine une semaine. Chez nous, Maman et Papa s'occuperont de mes pansements, et voilà, c'est bon, on passe à autre chose. Je deviens demi-pensionnaire. Mais Maman n'en reste pas là. Elle demande plus. Que son enfant rentre déjeuner tous les jours à la maison : nous habitons alors à un quart d'heure en voiture de l'IRR de Flavigny. Mais, là, le corps médical n'est pas très chaud.

L'équipe pense qu'un aller-retour en transport sanitaire, c'est déjà beaucoup, mais alors deux... On craint que Théo supporte mal la fatigue et ne puisse profiter pleinement de ses séances de rééducation. Il va pourtant nous prouver qu'il sait gérer ce genre de situation. Nous constatons que sa fatigue est une bonne fatigue. Et que sa maman avait raison. Les bienfaits du cocon familial le rendent gai et combatif.

Si je suis surexcité à l'idée de me confronter à la réalité, je comprends quand même que ça ne va pas être une promenade en gondole. Imaginez un enfant de six ans qui doit remonter la braguette de son pantalon avec ses moignons... La première fois que j'y suis parvenu tout seul, c'est comme si j'avais vaincu le Kilimandjaro. Arriver à s'en sortir par soi-même. Être autonome. Du matin jusqu'au soir, je ne pense qu'à ça.

Il est d'un courage, ce gosse... Ses plaies ne sont pas au mieux et nécessitent des soins lourds, longs, sûrement douloureux, mais s'il grimace parfois, il ne se plaint jamais. Et il vous envoie de ces sourires...

Courageux, courageux, tout le monde me répète que je suis courageux. Sans fausse modestie, moi, je n'en ai pas l'impression. Je fais ce que j'ai à faire. Et ce sont plutôt les gens qui sont autour de moi qui font preuve de courage.

Quelques mots sur l'école. Notre classe de cours préparatoire (CP) est un joyeux mélange de garçons et de filles, d'âges différents, de pathologies différentes, et donc d'emplois du temps différents. Ma rééducation va tellement m'occuper qu'il me faudra deux ans pour venir à bout de ce CP. Certaines journées, je n'allais en classe qu'une heure et demie. C'étaient les journées où les kinés travaillaient « sur la position » : à force d'être sans cesse assis ou couché, le corps perd ses repères et son sens de l'équilibre.

Aux massages, aux exercices de renforcement musculaire, je vais ajouter ma patte personnelle, mes astuces, mes ficelles, pour récupérer un tonus qui devra me permettre, une fois appareillé, de « tenir la station debout ».

J'ai hâte d'y parvenir, car j'ai la ferme intention de devenir un jour pompier, pilote de bolide, conducteur d'engins de chantier ou footballeur pro à l'Olympique lyonnais et enflammer le stade Gerland...

Était-ce à nous de le conforter dans de faux espoirs, de lui briser ses rêves... ? Non. C'était à lui de parcourir le chemin dans sa tête. Je ne pourrai pas faire de foot ? OK. Pas grave. On fera autre chose. Et un jour, allez savoir d'où c'est sorti, il m'a parlé de volley-ball. Il s'était mis en tête de chercher un club handisport. Je lui ai répondu : « Mais Théo, tu sais que je fais partie d'une équipe de volley... ? Si ta maman te donnait l'autorisation, tu... tu viendrais me voir jouer... ? »

J'ai cru que le Père Noël me proposait de monter sur son traîneau.

Laure Noisette en parle alors à Maman. Au départ, ma mère n'est pas très pour, mais quand elle voit mes yeux pétiller, envoyer des éclairs, des « oh, s'te plaît, Maman », elle finit par craquer. Difficile de me refuser ça. Et quelques jours plus tard, un vendredi soir, à Nancy, c'est jour de match pour Laure. Tout est organisé. Son mari vient me chercher au centre de Flavigny. On met mon fauteuil électrique dans le coffre. Avec les deux petits garçons de Laure, on vote pour le McDo. L'écureuil devient blême. Elle a oublié mon bracelet élastique avec mes couverts. Je lui ris au nez. Je saisis mon burger entre mes deux moignons et je mords dedans à pleines dents. Ensuite, direction le gymnase. Sur place, Laure a soudain une idée lumineuse : « Et si tu restais dormir chez nous ce soir ? Cela éviterait à tes parents de venir te chercher, et à toi de partir avant la fin ? » Partir avant la fin ? Mais quelle horreur ! Coup de téléphone à Maman. Quelques secondes de surprise, et l'affaire est conclue. Je dormirai sur un matelas d'appoint dans la chambre d'un des enfants, et mes parents viendront me reprendre demain matin chez Laure. Cette aventure prend une tournure exceptionnelle.

Je patauge un peu dans les règles du volley, mais je vis le match à fond. On m'installe derrière une table. On me confie le marquage du score. Le match se termine. Laure se dirige vers moi : « On a déjà fait mieux, mais bon… Et toi, Théo, ça va ? Pas trop fatigué ? Tu veux rentrer ? » Hein ? Moi, rentrer ? Mais quelle idée ! Jamais de la vie !

Après le match, Laure et sa bande ont pour habitude de se retrouver chez les uns, chez les autres. Ce soir-là, la petite fête est prévue chez un volleyeur qui habite un troisième sans ascenseur. Pas de problème. Je parviens à l'étage, perché sur le dos d'un pompier professionnel. J'éclate de rire à chaque marche. On mange des gâteaux, on trinque, c'est génial !

Je ne sais pas s'il se souvient encore de cette soirée, mais moi, je garderai à jamais, bien gravé dans ma mémoire, le souvenir de ce visage radieux d'un petit bonhomme comblé… Le lendemain, à l'arrivée de ses parents, l'inquiétude de sa maman s'est vite évanouie devant le moulin à paroles qui racontait avec frénésie sa folle soirée…

Celle-là, effectivement, je ne suis pas près de l'oublier.

En clair, c'était la première fois que je découchais.

Chapitre 3

Des tanks.

Oui, on m'annonce qu'il y a des tanks quelque part dans mon centre de Flavigny. Et mieux que ça : il y en a un qui m'attend. Excellente nouvelle. Très, très bonne surprise. Parce que les tanks, moi, ça me connaît : j'en ai un dans ma chambre. Avec camouflage, filets, roues-chenilles, canon de gros calibre, boîte à obus, mitrailleuse sur la tourelle... Est-ce que je pourrai choisir mon casque ? Je me réjouis, je jubile : « Chouette, on va jouer à la guerre ! »

Au centre, la plupart des exercices de rééducation avec les kinés sont conçus comme des jeux. Sauf pour le « travail sur table » que je trouve long, ennuyeux. Il m'arrive même de m'endormir. Mais d'ordinaire, on joue au ballon, on se jette sur d'épais tapis en mousse, on fait des galipettes, et quand ils disent : « Bon, les gars, la séance est terminée, vous avez bien bossé », eh ben moi, j'en redemande.

L'aide-soignante vient me chercher : « On y va, Théo ?

— Et comment, qu'on y va ! »

Quelques instants plus tard, je déchante, je redescends, je me désagrège. Car nous voilà face à une baignoire.

« Bah, il est où, le tank… ?

— Mais, Théo, *c'est* le tank. Un tank, ici, c'est une baignoire. »

Une simple baignoire montée sur pilotis, un peu resserrée au milieu pour laisser à un adulte la possibilité d'y plonger ses bras, de l'extérieur, sans avoir à se plier en deux. Certes, elle paraît immense, mais je ne vois pas très bien ce que je vais aller faire là-dedans, et à poil en plus. L'aide-soignante commence à la remplir d'eau et j'avoue que je suis rassuré quand je vois qu'elle ferme les robinets presque aussitôt, alors que le niveau est encore assez bas. Dans le fond de la cuve, il y a juste de quoi patauger et c'est parfait comme ça.

Quand elle me demande de m'allonger sur le dos, Dieu soit loué, l'eau n'entre pas dans mes oreilles. Le but, c'est de me relaxer, de me détendre, bras et jambes écartés dirigés vers les contours en inox, et d'imaginer que je suis une étoile de mer. La sensation n'est pas si désagréable que ça. Je m'habitue au clapotis de l'eau sur les parois. J'arrive même à fermer les yeux quand on commence à nettoyer mes plaies. J'en ai pas mal sur les bras, on dirait que j'ai été brûlé au chalumeau – des brûlures au troisième degré. On me fait également ma toilette. C'est vite plié et c'est tant mieux.

Parfois, on me propose de rester assis sur une espèce de transat, à barboter à l'intérieur du tank. Ce n'est pas trop mon truc, mais bon, au bout du compte, après qu'on m'a lavé, séché, changé mes pansements, j'avoue que j'apprécie. Je peux enfin retourner à mes activités, avec la satisfaction d'être tout beau, tout propre, tout neuf. Et, auprès de Laure, je la ramène carrément. Je me vante de mon comportement exemplaire.

Sur le premier usage des tanks – toilette et soins des enfants, accès à toutes les plaies en même temps – rien à dire. Un Théo qui se laisse faire.

En revanche, les choses se compliquent avec l'autre usage de ces tanks : un travail de renforcement musculaire sans forcer. Cette fois, ce sont les kinés qui sont aux manettes. Les gamins, équipés de maillots de bain, s'ébattent comme dans une petite piscine. C'est ludique, dynamique. En général, tous les enfants adorent ça.

Tous sauf un.

Théo.

Qui n'a jamais, jamais voulu s'y essayer. Dès qu'il voyait la baignoire se remplir, dès qu'on tentait de lui mettre un maillot de bain, c'était la panique totale. Il se débattait, il hurlait.

Théo avait la phobie de l'eau.

Dans ma mémoire confuse, des situations compliquées, grotesques, refont surface. Je me dirige vers les tanks – sans grand enthousiasme – pour y faire ma toilette et mes soins. J'entends des glapissements, des rires, des cris stridents, et quand je franchis les portes battantes, je vois les copains, ivres de joie et d'excitation, en train de faire du sous-l'eau, de s'arroser, de sauter en l'air. Et ces chiots hystériques balancent de la flotte partout.

Il faut dire que les baignoires sont remplies à ras bord. La pièce résonne de leurs aboiements. C'est insupportable. J'ai mal à la tête, je suffoque devant ce spectacle navrant, j'ai envie de m'enfuir. Je me mets à hurler : « Je ne veux pas ! Je ne veux pas ! » pour essayer de couvrir le brouhaha. Une aide-soignante tente de me convaincre de me joindre à ce cirque. Ou même d'attendre un peu pour en profiter tout seul, si c'est le bruit qui me dérange. Mais tout me dérange. Il n'y a pas que le bruit. Il y a *d'abord* l'eau…

Je ne sais pas si elle m'a entendu, mais elle me tend tout de même un maillot de bain. Comme si elle pensait une seconde que j'allais l'enfiler, son slip ridicule. Au bord des larmes et en panique, je répète : « Non, non, non, laissez-moi tranquille ! Je ne veux pas y aller ! Je veux rentrer chez moi ! »

Finalement, je suis exfiltré avec la complicité d'un kiné, sans doute le seul qui a encore toute sa raison, et je peux enfin regagner une zone de sécurité pour me remettre de mes émotions. J'ai le cœur qui bat à quatre cents à l'heure.

Le personnel encadrant a essayé plusieurs fois de me replonger dans la marmite, mais je me suis toujours débattu. Entre l'eau et moi, vous l'aurez compris, ce n'est pas le grand amour.

De temps à autre, un des centres de rééducation pour adultes, situé non loin du nôtre, propose de mettre sa piscine – une vraie, celle-là – à disposition des enfants. Dès que l'information circule, c'est l'effervescence dans tout le quartier, tout le monde veut y aller, et s'il y a assez d'accompagnants, tout le monde *va* y aller. Pas moi, en tout cas. J'ai si peur d'être emmené de force que je me cache derrière les bâches du petit gymnase, jusqu'à ce que je n'entende plus un bruit. Alors, je peux enfin quitter ma planque, tout fier d'avoir échappé à l'embuscade. Aller à la piscine ? Pendant qu'on y est, pourquoi pas à la mer ? Je ne sais pas, je n'y suis jamais allé, mais j'imagine. Ce doit être pire. Une piscine gigantesque, sans rebords, avec des vagues en plus, et allez savoir ce qui flotte là-dedans…

La chose que je déteste le plus au monde, je me répète, je rabâche, c'est l'eau. Quant au sport… En vérité, le goût de l'effort, du challenge, de la compétition n'est venu qu'*après* mes amputations.

Mais avant…

*

Avant ma maladie, mes parents ont essayé de m'inscrire dans un nombre incalculable d'associations sportives. Cela se déroulait le mercredi, toujours. Cela me privait de la petite réunion de famille qui se tenait chaque semaine chez ma tante Christine et rassemblait, autour des jeux et du goûter, mes cousins, cousines, ma maman, ses deux sœurs et mes grands-parents maternels.

Et moi, à la place, j'aurais dû me taper deux heures de handball ou de je ne sais quoi ? Non, merci. J'ai dû participer à deux, trois entraînements, et j'ai tellement pleuré, seul avec ma chasuble sur le dos, censée représenter une équipe, mais laquelle ? Ces braillards surexcités, courant comme des malades, balançant des coups de pied dans les tibias, jouant des coudes, distribuant des claques, se roulant par terre en faisant mine de s'étouffer, tout ça m'a vraiment pompé l'air. Quelle farce ! Quelle guignolade ! J'ai toujours détesté la bagarre, la violence, la brutalité des contacts physiques. Donc, c'est non. Inutile d'insister. Et pourtant… Papa et Maman ont remis ça avec le judo et « tenté » un sport individuel praticable l'hiver. Ils ont constaté rapidement que le tirage de pyjama ne m'emballait pas plus que la gymnastique, également passée au banc d'essai : moi, faire la roue ? Plutôt crever.

À l'époque, j'aime rester à la maison, jouer devant l'immeuble avec mes copains du quartier Niederbronn et faire du vélo le dimanche avec mes parents dans la forêt de Mondon. Je me souviens du beau vélo rouge que j'ai reçu à l'occasion de mes six ans. Mes parents l'avaient emballé dans des sacs-poubelles pour que la surprise soit parfaite. Je suis devenu fou. J'ai mis en pièces les sacs-poubelles, et là… L'émerveillement. L'ivresse. Le Grand Bonheur.

Un mois plus tard, je suis tombé malade. Il a dû se perdre dans les déménagements.

*

Rouge.

Mes chaussures – les premières depuis mes amputations –, je les veux de couleur rouge. Comme celles de Spider. Maman m'accompagne dans un grand magasin, à Nancy. Cela peut sembler bizarre d'acheter des chaussures neuves quand on n'a pas de pieds, et je lis l'effarement dans le regard du vendeur. Ses yeux disent : « Ça fait trente ans que j'en vends, mais ça, je n'avais encore jamais vu… Des chaussures pour un enfant sans pieds… ? Alors là… » T'occupe. On est venus pour acheter des pompes. On ne repartira pas sans les pompes.

Aujourd'hui, Maman ne se souvient plus du tout de cet achat. Moi, si. Pour une bonne raison, hélas. Je découvre à quel point les pieds nus des gens me dérangent. Me choquent. Me dégoûtent. Dans ce temple de la godasse, le bal des pieds nus que je vois tournoyer me gêne atrocement. Certaines paires de pieds portent deux mocassins différents, deux sandales différentes, sans doute pour que les clients puissent juger de l'effet avec tel pantalon, telle jupe... Mais quand le pied ressort tel un escargot gluant de sa coquille, ça me révulse. Je ne veux plus, je ne *peux* plus les voir, ces pieds palmés, gênants, immondes, ces pieds déformés comme de vieux légumes oubliés dans le fond du frigidaire, aux orteils disgracieux, talons crevassés, ongles en berne. Même les pieds de ma chère maman, même ceux de mon cher papa ne trouvent pas grâce à mes yeux. Je ne le sais pas, mais je suis en train de développer une podophobie – un mot qui ne fait pas encore partie de mon vocabulaire – dont je ne me suis jamais débarrassé. C'est grave, docteur ? Bah, non. Ça peut s'expliquer par « un traumatisme vécu dans l'enfance ». On peut dire ça, oui...

Revenons à mes pompes. Ma pointure a été calculée par ordinateur en fonction de mon schéma corporel avec prothèses... Avec une acuité de faucon, mes pupilles balaient l'espace... Et soudain, j'ai la vision céleste. Je les vois briller sur un présentoir. Je les entends qui m'appellent. Les plus belles baskets du monde. Sublimes. Magiques. À tomber raide. Celles qui vont me permettre d'escalader les immeubles. Les baskets de Spider.

Dominante rouge, rayure noire, en cuir, montantes, avec une espèce d'éclair jaune sur le côté.

Je repars avec, je dors avec. Je les serre dans mes bras comme un amoureux transi.

Un amoureux qui attend son premier rendez-vous.

Il arrive.

*

Rouge.

C'est la couleur des barres parallèles fixées au sol, réglées à la hauteur de mes coudes. Elles balisent le couloir matérialisé par un tapis en caoutchouc, qui s'étire jusqu'au mur d'en face. Moi, je suis devant, sérieux comme un pape, tel un coureur olympique dans les starting-blocks. Enfin, dans mon fauteuil. Mais c'est pareil.

Ce 13 février 2007 est un grand jour pour tout le monde. Pour moi. Pour mes parents. Pour ma kiné, Marie-Laurence. Pour Benjamin, l'orthopédiste qui m'a fabriqué des prothèses provisoires. Nous sommes tous réunis à l'Institut régional de réadaptation Louis-Pierquin, à Nancy, dans une pièce baignée d'une lumière hivernale. Tous tendus vers le même objectif. Attention, mesdames et messieurs, dans un instant, Théo Curin va remarcher.

Maman n'a jamais été aussi belle. Papa règle son caméscope. Benjamin, tournevis à la main, procède aux derniers réglages. On se croirait sur un stand de formule 1.

Cela fait sept mois que je me déplace en fauteuil électrique. Entre nous deux, ça n'a jamais été ça, et plus le temps passe, plus j'ai du mal à cacher mes sentiments à son égard : il m'emmerde. D'accord, je reconnais ses mérites, mais entre nous, c'est fini. Je veux le quitter.

J'ai été patient. J'ai attendu que mes moignons cicatrisent tant bien que mal. Avec les kinés, les aides-soignants, on a vraiment fait le taf pour me permettre de retrouver tonicité et force musculaire, sens de l'équilibre, tout ce qu'il faut pour se tenir debout et faire le premier pas.

Pendant ce temps, Benjamin a coulé du plâtre, assemblé des tubes, des plaquettes et des boulons, fabriqué des pieds à glisser dans mes nouvelles chaussures.

C'est maintenant ! Dans quelques secondes, je vais lever mes fesses de ce maudit fauteuil. « Allez, Théo, allez Spider, lance-toi ! » Et quand je m'expulse d'un simple coup de reins de ses entrailles, j'ai l'impression de venir au monde pour la seconde fois.

Pour l'état civil, je suis né le 20 avril 2000, à la maternité de Lunéville. Mais il faudra corriger les dates : pourquoi pas Théo Curin, né le 13 février 2007, à Nancy, tant je vis ce moment avec l'intensité, l'émotion, la puissance symbolique d'une véritable renaissance ? Un nouveau départ dans la vie d'un jeune adulte en quête d'autonomie totale. Je vais quand même sur mes sept ans.

Je m'engage avec prudence entre les barres parallèles. J'y pose mes moignons de bras émergeant à peine des manches roulées de mon sweat à capuche marron – trois fois trop grand pour moi. C'est qu'il me faut un vêtement long qui me couvre les fesses. Mes jambes sont nues, juste recouvertes de bandages. C'est ravissant.

J'ai la fierté de me tenir debout, bien droit, enfin. Oups là, j'ai des vertiges. On m'avait prévenu, mais j'ignorais quel effet ça faisait. Maintenant, je sais. Entre l'envie de vomir et de partir la tête en arrière… Ce n'est rien, c'est normal.

J'entends que Papa a enclenché son caméscope, témoin fidèle des moments historiques de la famille Curin. Et on peut dire que c'en est un. Un vrai de vrai.

Benjamin donne un dernier tour de vis sur la tubulure qui constitue ma jambe droite, recule un peu et me contemple de haut en bas, avec l'œil scrutateur d'un artiste face à son œuvre presque aboutie.

« Allez, dit Benjamin, je te laisse faire. »

Avec appréhension, mais habité d'une forte concentration, j'avance le pied droit, puis le gauche, puis le pied droit, et encore le pied gauche ; à nouveau le pied droit, talon d'abord, plante, pointe…

Maman s'émerveille : « Oh, là, là, là, là… »

Papa : « Oh, là, là… »

Je continue d'avancer doucement, bras sur les barres, vers Benjamin qui s'est positionné au bout du tapis. L'ensemble du parcours doit bien mesurer deux mètres de long, peut-être même trois, tiens.

Sa voix est enveloppante : « Ça va, Théo ? »

Je souffle un petit « oui » tremblotant.

Attention, les gars, j'opère un demi-tour tout seul, en m'aidant de mes bras pour amorcer le retour.

Maman, cette fois, me voit de face. Elle change d'expression : « Théo, ça va, tu es sûr ?

— Ouiiiiii !!! » Et je lui décoche mon sourire le plus rassurant.

Elle insiste : « Parce que tu as l'air un peu pâle… »

Je continue d'avancer, même déroulé de la jambe et du pied, même rythme.

Elle nuance : « C'est peut-être la lumière qui donne cette impression… »

Une voix masculine – je ne sais trop si c'est Papa ou Benjamin – confirme : « C'est vrai qu'il est blanc. On fera une petite pause après, hein ? On va manger quelque chose, non ? »

Je n'écoute pas, je me concentre, je veux absolument marcher jusqu'à mon fauteuil, qu'il me prenne encore pour un temps dans ses bras. Je suis comme vidé de mes forces. Épuisé. Heureusement que Spider m'a refilé ses pompes, ça m'aide vraiment, ça.

Maman, encore elle : « Il est dans son truc… »

Plus que deux enjambées, une dernière, volte-face en douceur, et voilà, je me rassois, ivre de bonheur. J'ai la tête qui tourne, je souris aux anges, mélange de gêne et de joie. J'ai réussi, mais quel effort... Je ne veux pas montrer ma fatigue. Je veux la garder pour moi. Qu'on ne se souvienne que du résultat.

Oh oui, je l'ai fait.

*

Dans la continuité de leurs recherches, les prothésistes s'appliquent à me fabriquer des mains, mais je les prends en horreur dès qu'elles me sont proposées. Elles sont lourdes, encombrantes, inesthétiques. D'entrée, je dis non, je suis récalcitrant : « C'est n'importe quoi, ces trucs. » Et Papa me soutient : « N'insistons pas. Théo nous dit qu'il préfère se fier à ses sensations. Faisons-lui confiance. » Très vite, j'enchaîne les expériences : le chaud, le froid. Je développe toute une gamme de sensations liées au toucher, beaucoup plus précieuses que ces mains de mannequin de vitrine que je trouve *abjectes*. À l'école, on m'apprend à tenir mon stylo. Je tente des astuces pour le tenir le plus confortablement possible et en quelques semaines, c'est bon, j'écris comme tous les enfants de mon âge. Je rejoue aux petites voitures, aux Playmobil. Pour manger un yaourt, je place le pot dans mon verre pour le stabiliser et j'utilise une cuillère. Un jour, je demande même à mon père de m'acheter un Meccano. Quand on ouvre la boîte, je commence par soupirer, car je n'arrive à rien et ça m'exaspère.

Je me fous en colère. Papa, très calme, me dit : « Ne t'inquiète pas, Théo, on va y arriver, il suffit d'un peu de patience. » Et il commence à assembler deux pièces, placer un boulon, et moi, je m'empare de la clé et je serre le boulon en tenant l'outil à l'intérieur de mes coudes croisés. Et ça fonctionne ! Je progresse à vue d'œil. Foutez-moi la paix avec vos prothèses de mains. Ma décision est irrévocable : je ne les porterai jamais !

*

Pour mes parents, me voir remarcher, même avec des prothèses, représente à la fois un bonheur, un soulagement, une immense fierté. Papa m'emmène faire du toboggan, et quand je glisse sur mes fesses les jambes en l'air, c'est comme si la vie normale reprenait ses droits : « Ça te donne un petit côté RoboCop », rigole Papa. Je grimpe à nouveau à l'échelle pour un deuxième tour. Je souris à mon père et, tout à ma joie, je ne remarque pas qu'il a l'air préoccupé.

C'est qu'à l'heure de ma renaissance, la famille Curin se retrouve face à un sacré problème à régler. Fin 2005, soit six mois avant ma maladie, mes parents se sont engagés dans le projet de leur vie : quitter notre troisième étage de HLM pour une maison individuelle avec jardin. Notre prêt a été accordé, les plans validés. Dans notre HLM, mes parents dorment dans un coin du séjour afin de nous permettre, à ma sœur et à moi, de profiter des deux chambres du logement. Mes parents ont toujours fait passer leurs enfants avant eux. Toujours.

D'où le projet d'une maison à Rehainviller, à cinq kilomètres de là. Avec un étage, un escalier et, à l'extérieur, des accès situés à plusieurs niveaux. Quand la méningite a fait irruption dans notre vie, tous les dossiers étaient bouclés et notre résidence en passe de nous être livrée clés en main. Il n'y avait plus qu'à poser nos valises – ou presque. Mais que faire d'un escalier quand on a un enfant lourdement handicapé ? Comment faire usage d'une salle de bains normale ? Comment circuler autour de la maison avec des marches à franchir ?

Papa contacte l'agent commercial de la société qui construit notre maison. Je suis plutôt optimiste sur l'issue heureuse de la concertation, après lecture de leur dépliant publicitaire posé sur notre table de salle à manger, indiquant des « maisons qui vous ressemblent », qui « s'adaptent à vos besoins », « un service personnalisé en cas de coup dur »... L'agent nous reçoit dans son bureau avec une authentique gentillesse. Avec beaucoup d'humanité, il comprend que pour moi, s'il n'entre pas en piste, ça va être très, très compliqué. Sur-le-champ, sans discuter, il nous propose de transformer notre projet de départ. Avec une maison de plain-pied, douche à l'italienne, etc. Et *sans surcoût* pour l'étude nécessaire à ce nouvel agencement. C'est vraiment trop sympa de sa part. Pour l'extérieur de la maison, c'est Papy Michel, le papa de Maman, qui s'y collera. Il va y aller de bon cœur pour aplanir les allées, virer les marches, installer des rampes... Mais on n'y est pas.

Tout cela entraîne forcément un retard de livraison et nous devrons nous installer dans un logement provisoire, à Saint-Clément. Entre notre déménagement du HLM de Lunéville, en octobre 2006, et l'emménagement dans notre future maison de Rehainviller, dix mois d'attente. On s'en fout. On va être bien.

Au passage, je demande à Papa ce qu'on aurait fait si le promoteur n'avait pas été aussi généreux. « Eh bien, on aurait revendu la maison sans jamais l'avoir habitée et on en aurait trouvé une autre – plus adaptée. Et voilà. » J'aime cette façon qu'ont Papa et Maman de ne jamais se laisser démonter. À chaque problème, une solution. C'est la philosophie de la famille Curin.

Dès la minute où je suis sorti vivant de l'hôpital Brabois, j'ai toujours eu l'impression que le pire était derrière nous. Qu'il ne pouvait plus rien nous arriver de grave.

Ce sera le cas.

*

Mais restons quelques jours encore dans notre HLM. J'ai besoin de repos, et je passe beaucoup de temps sur le canapé.

Un soir, Maman rentre avec un livre à la main. Un livre qui semble la passionner. Dès qu'elle a cinq minutes à elle, elle saute dessus, elle ne le lâche plus, elle le dévore. Et elle se dédouble. Maman est là, avec moi, elle me regarde tendrement, et en même temps, elle est ailleurs.

« Ça parle de quoi, ton livre ?

— D'une personne qui, comme toi, a été amputée des bras et des jambes.

— Et ça s'appelle comment ? »

Elle vérifie sur la couverture et énonce doctement le titre de l'ouvrage qui vient de sortir : *J'ai décidé de vivre*[1].

Décidé de vivre ? Comprends pas.

« Et ça parle de quoi ?

— D'un monsieur qui s'appelle Philippe Croizon... Un jour, avec sa femme, ils décident de changer de maison, comme nous. Lors du déménagement, il grimpe sur une échelle, à dix mètres au-dessus du sol, afin de récupérer l'antenne de télévision installée sur le toit. Prudent, il s'attache à la cheminée avec une sangle et commence à déboulonner l'antenne. Et soudain, un premier court-circuit électrique le foudroie... Puis un deuxième. Puis un troisième. »

Je sursaute, terrifié : « Il avait quel âge ?

1. Philippe Croizon, *J'ai décidé de vivre*, J.-C. Gawsewitch éditeur, 2006.

— Vingt-six ans. Il en a aujourd'hui trente-huit.

— Ah, c'est un vieux monsieur, alors. Et qu'est-ce qu'il y a de passionnant, là-dedans ?

— Sa façon de reprendre goût à la vie, en faisant plein de choses dont il avait très envie.

— Par exemple ? »

« Une fois par semaine, Muriel et Grégory vont se baigner à la piscine du centre. Inutile de dire que je les envie. J'ai toujours adoré l'eau, j'y vois un élément "ami" susceptible de m'aider à vivre avec mon handicap. [...] Je demande [à mes proches] de se renseigner sur tout ce qui se fait en matière de prothèses. [...] Peu de temps après, je leur annonce ma décision de faire de la plongée sous-marine[1]. »

Piscine, plongée sous-marine... C'est suffisant pour moi. Parlons d'autre chose.

« ... et de reconduire une voiture – d'où la nécessité des prothèses. Je viens de voir un reportage sur un ancien pilote de F1, handicapé lui aussi, qui conduit un véhicule grâce à un mini-manche aux multiples fonctions. [...] Mes proches vont tout faire pour m'aider à relever ces défis[2]. »

1. *Ibid.* Muriel et Grégory sont l'ancienne épouse et le fils de Philippe Croizon.

2. *Ibid.*

Conduire un bolide, c'est possible, ça ? Attends, mais ça change tout ! J'ai un tas de questions à lui poser, moi, à ce Philippe !

Maman lit dans mon cerveau comme dans un livre ouvert : « J'ai bien envie de lui écrire une lettre. Pour lui raconter ton histoire, et peut-être qu'un jour, nous pourrons le rencontrer.

— On l'invitera chez nous, Maman ? »

Quand nous avons refermé pour toujours la porte de notre appartement, le vieux monsieur n'avait toujours pas répondu.

*

Dans mon HLM, je laisse les éclats de rire d'un enfant choyé, aimé, heureux, avec ses deux bras, ses deux jambes – comme tout le monde, quoi. De cette vie-là, le seul souvenir que j'emporte avec moi navigue dans la brume. Un souvenir étrange. Presque fantasmagorique.

Comme tous les dimanches, je me réveille de bonne heure. Je bondis hors du lit, saisis ma couette et mon oreiller. Je quitte ma chambre et remonte le couloir, en tirant tout mon barda. Avec précision, je revois les motifs bariolés sur ma housse de couette, la couleur des murs du couloir, le velours du canapé, la forme de la télévision, les bibelots, les livres de la bibliothèque… Moi, je flotte dans l'espace comme un fantôme.

C'est ahurissant. Je ne parviens pas à ressusciter mes membres.

Dans ma « mémoire d'avant », mes mains et mes pieds ont déjà disparu.

Chapitre 4

Petit retour en arrière.

Je viens de quitter l'hôpital Brabois. C'est ma première sortie dans le grand monde – et c'est l'occasion de tester la maniabilité de mon fauteuil électrique. Cap sur notre supermarché de Moncel-lès-Lunéville.

Chez Cora.

Et chez Cora, je suis le roi.

Ce n'est pas un slogan, c'est une réalité. Maman y a travaillé pendant onze ans. Ce matin-là, arrimé à mon fauteuil, dès que je franchis les portes de l'hypermarché, je ne suis pas surpris de voir tous les amis de Maman m'entourer, m'embrasser, m'encourager. Je suis même applaudi et fêté comme si je revenais d'une lointaine croisade, d'une dangereuse contrée. Même le directeur se déplace pour me souhaiter la bienvenue. C'est bien gentil, tout ça, mais j'ai à faire. Maman m'a installé un panier en plastique vert à l'arrière du fauteuil, et confié la liste des produits à acheter. Avec subtilité, elle me responsabilise. Elle encourage mon autonomie retrouvée. Elle me présente l'affaire non pas comme une corvée, mais plutôt comme une chasse au trésor.

Depuis le temps, ce magasin, je le connais par cœur. Demandez-moi où sont les tonnes de papier-cul, les montagnes de clémentines, les mille goûters au chocolat. Allez-y. Testez-moi. J'ai réponse à tout.

Pour mon fauteuil électrique, j'ai besoin d'un tour de chauffe. Et donc, des larges allées aux dalles de carrelage blanc. J'attaque par les eaux et sodas. J'envoie les gaz.

À cette heure-ci, c'est l'allée la moins fréquentée et, avec un peu de chance, l'accès à la remise sera resté ouvert. Comme prévu, il n'y a quasi personne, et je me livre à quelques figures, accélérations, freinages, virages au cordeau, dérapages contrôlés. J'assure. Je maîtrise.

C'est bon, j'attaque mon expédition en rayons. L'allée centrale, où se trouve le gros des produits de ma liste. Un lion rugissant sur son paquet de céréales me fait de l'œil, et hop ! il finit dans mon panier. J'amorce une marche arrière, je tourne sur ma gauche et, là, premier coup de théâtre : derrière son caddie, une jeune femme se tétanise à ma vue. Je tente un sourire, mais c'est pire. Elle cherche d'un regard affolé mes bras, mes jambes. Que dalle. Son regard chargé d'effroi me transperce le cœur.

Mais qu'est-ce que j'ai fait ? Elle bredouille des mots du genre : « Mon Dieu… Mais quelle horreur… Je ne peux pas, je ne peux pas… » Je ne peux pas quoi ? Bon, je continue ma route, j'ai rendez-vous avec l'ami Ricoré. En me voyant devant le rayon petit déjeuner, un grand-père en lâche son paquet de biscottes. Il ne semble pas me reconnaître. Nous sommes voisins, pourtant, mais il reste pétrifié devant moi comme si j'étais un troll, un revenant, un monstre.

Pour détendre l'atmosphère, je lui balance un « bonjour, monsieur ! » plutôt jovial. Mais l'homme vacille sans répondre en portant sa main droite à son cœur. Il va nous faire un malaise ? Je l'entends murmurer : « Seigneur… », et puis, en reculant, il écrabouille ses biscottes qu'il observe d'un air navré.

« Au revoir, monsieur », dis-je en laissant tomber délicatement mes Pitch choco dans mon panier. Il ne répond pas. Il n'est déjà plus là.

Deux ados à capuche semblent m'avoir repéré, eux. Je ne les connais pas, mais je les entends chuchoter et étouffer leurs rires dans l'allée d'à côté. À chaque tête de gondole, il y a un crâne de piaf qui dépasse. À mon tour, je me penche pour les surprendre. Ils se cachent, retenant leur respiration.

« T'as vu, il n'a pas de jambes, dit l'un.

— Pas de bras non plus, renchérit l'autre.

— Pas de bras, pas de chocolat ! »

Les voilà qui se tordent de rire. J'ai toujours trouvé débile cette blague à la con. Pas un instant j'ai pensé qu'elle pourrait un jour s'appliquer à moi. Qu'ils aillent se faire foutre… Entre mes deux moignons, j'attrape le chocolat à cuire, la farine et le sucre pour le gâteau marbré de Papa. L'idée de pouvoir – dans quelques heures – lécher la cuillère à la maison me met un peu de baume au cœur.

Il m'en faut. Car à l'autre bout du rayon fruits et légumes, je commence à me sentir mal. Je vois une mère de famille qui, en me repérant, cache les yeux de ses enfants pour leur épargner « ça » et fait demi-tour, elle aussi, comme si elle venait de voir le diable. Ce malaise augmente quand j'essaie de saisir une douzaine d'œufs, et vlan, je les casse en omelette sur le carrelage blanc. « Eh bien, petit gars, ta mère, elle t'a pas dit qu'on ne joue pas avec la nourriture ? », m'agresse un sportif du dimanche.

J'ai envie de pleurer. Mais je me suis promis d'être fort.

Marie-Noëlle, la kiné qui masse au quotidien mes cicatrices au centre de Flavigny et à qui je confie des choses que je ne dirais ni à ma mère ni au psychologue, m'avait prévenu, et ses mots toquent à ma porte.

Quand tu sortiras du cocon où tu ne côtoies que des personnes qui t'aiment, des proches qui connaissent ton histoire, des professionnels de santé affectueux, et que tu partiras à l'assaut du monde extérieur, au début, ce sera peut-être difficile… En gros, les gens qui adopteront une attitude négative à ton égard ne le feront pas forcément par méchanceté, mais presque toujours sous l'effet de la surprise. Le fait que tu sois différent les fera réagir avec maladresse, avec cruauté parfois, mais cette différence-là, souviens-toi, c'est ta force à toi [1].

Je ravale mes larmes et décide de continuer, de remplir ma mission. Mais je sens bien que je suis vidé de mon énergie. J'amasse machinalement les ultimes produits avec l'envie d'en finir au plus vite. J'ai caché mes moignons dans mes vêtements, ce qui ne change pas grand-chose au regard des zombies que je croise dans les rayonnages. Du côté des produits frais, une femme se penche, l'air pincé, vers son mari : « C'est sûrement un petit Roumain. J'ai lu ça quelque part. Ce sont les parents qui leur coupent les bras et les jambes. Pour mendier, paraît-il, c'est plus efficace… »

Vous savez ce qu'il vous dit, le petit Roumain ? Mais, à la sortie de cette épreuve, je me rends compte que dans toute la gamme des sentiments que j'inspire aux gens, le pire reste l'apitoiement. « Pauvre gosse… » « Le malheureux… » « Si c'est

1. Sauf mention contraire, toutes les prises de parole extérieures en italique qui suivent sont issues d'entretiens avec les auteurs (2021).

pas triste… » J'en ai marre. J'ai envie de rentrer. Ça suffit pour aujourd'hui.

Maman m'attend près de la caisse. Elle s'anime en me voyant arriver : « Ça va, Théo ? Ça s'est bien passé ? »

Je réponds par l'affirmative en secouant la tête.

« Tu es fatigué ? », demande Maman, en quête de notre petit sourire complice. Notre code secret pour dire : « Tout va bien, t'inquiète. »

Je montre mes membres emmitouflés : « J'ai juste un peu froid. »

Dans la seconde, Maman comprend tout : « Le regard des autres, c'est leur problème. »

Dans les mois qui suivront, entre les rayons de Cora et tous les lieux publics, j'aurai à subir ces grimaces, ces réactions d'épouvante, ces détournements de regard.

Dans l'immédiat, j'éprouve un mélange de tristesse et de rage à la fois.

Je trouve ça injuste.

*

Six mois passent.

En provenance de Châtellerault, un TGV roule vers Paris. Dans la tête bouillonnante d'un passager, des projets, des idées, des rendez-vous à fixer. À côté de lui, Suzana, sa compagne, les attrape au vol, tels des papillons, et les place par ordre d'importance – ou d'urgence – dans l'agenda surchargé de son homme.

Cet homme, c'est le « vieux monsieur ». C'est le fameux Philippe Croizon. À dire vrai, en ce mois de janvier 2007, je ne pense plus à lui. Mais alors plus du tout. Je l'ai gommé. Il est sorti de mon cerveau. Il n'a pas répondu à la lettre de Maman. Il l'aura jetée à la poubelle. Il nous aura oubliés. Forcément.

Comme je vais bientôt l'apprendre, Philippe Croizon a bien reçu la lettre de Maman. Non, non, il ne l'a pas jetée à la poubelle. Pas du tout. C'est beaucoup mieux que ça. Mais c'est lui-même qui va nous en dire un peu plus.

Quand je reçois la lettre de Stéphanie Curin, je suis totalement désarmé, je m'effondre, je chiale comme une madeleine, je suis en panique totale. Je viens de revivre ma propre histoire transposée dans le corps d'un enfant de six ans. Je suis si bouleversé que je replie la lettre, la replace dans son enveloppe et la range soigneusement dans mon secrétaire. Sur le coup, je me sens incapable de répondre, tant les émotions me submergent. Mais Stéphanie et Théo viennent de faire irruption dans ma vie. C'est ainsi. C'est écrit. C'est le destin. Comment cela va-t-il se concrétiser ? Je n'en sais rien. Ça viendra quand ça viendra. Et puis machinalement, six mois plus tard, je ressors la lettre et note le numéro de téléphone de la famille Curin. Je me sens prêt.

Suzana et moi habitons Châtellerault. Ce jour-là, nous nous rendons à Paris en TGV pour une émission de télévision de Jean-Luc Delarue, « Toute une histoire ». Le paysage défile. Mentalement, je me prépare à témoigner du thème choisi : « De la difficulté à vivre en autonomie quand on est handicapé ». Vaste sujet. Et là, je pense à Théo. Le déclic que j'attendais, le voilà. Dans la foulée, je demande à Suzana de me donner le numéro des Curin. Et j'appelle. J'ai le cœur qui bat. C'est la maman qui décroche.

« Bonjour, madame, c'est Philippe Croizon à l'appareil, je vous dérange ? »

Au début, Maman se pince. Philippe Croizon ? Elle a du mal à y croire. Je l'entends dire : « C'est une blague ? » Elle doute, elle est méfiante. Elle lui demande des détails. Il parvient à la convaincre. Dès qu'elle est sûre de son identité, elle m'appelle : « Théo, Théo, viens vite ! J'ai monsieur Croizon au bout du fil ! » Je vole jusqu'à l'appareil téléphonique. Je l'arrache des mains de Maman. « Allô, Philippe ? C'est quand, que tu viens à la maison ?

— Ben, euh... Attends... Suzana, tu... tu peux regarder l'agenda ? Quitte pas, Théo, on cherche une date... Voilà... Alors... Dans quinze jours, ça t'irait ?

— Super ! Je te repasse Maman [1]. »

1. Philippe Croizon, *J'ai décidé de vivre*, *op. cit.*

*

Le jour le plus long.

Je me suis levé à pas d'heure et je reste le nez collé à la vitre dans l'espoir de les voir arriver plus tôt que prévu. De ma tour de contrôle, je piaffe d'impatience. C'est insupportable, cette attente.

Suzana et moi, nous prenons la route de Saint-Clément, près de Lunéville, en Lorraine. Sept cents kilomètres depuis Châtellerault. Nous n'arrivons qu'en fin de matinée avec quelques heures de retard. Une silhouette me guette à la fenêtre – j'apprendrai que Théo est resté le visage collé au carreau toute la matinée. Je me gare et vois débouler un chérubin dans son fauteuil électrique, qui n'a visiblement qu'une envie : monter dans ma voiture[1].

Philippe…

Quand je le vois arriver – enfin ! –, je suis déchaîné. Et, déjà, sans même lui avoir parlé, dix secondes me suffisent pour récupérer ma confiance perdue, ces derniers temps, à chacune de mes sorties dans le monde des valides.

C'est qu'entre mes courses chez Cora et mes déambulations dans la rue, je me suis mis à douter de mes capacités. Parce que le regard des autres me fait mal. Parce que les commentaires dans mon

1. Philippe Croizon, *Plus fort la vie*, Arthaud, 2017.

sillage me minent. Et je me renferme alors sur moi-même. Je n'ai envie de voir personne – et pas envie qu'on me voie. Il faudra que je lui en parle. Mais ce n'est pas le moment. Parce que là, je suis en extase : Philippe descend de sa voiture *côté conducteur*. Je me dis : « Waouuuh, donc, je pourrai conduire une voiture… ? » Il fait quelques pas comme pour se dégourdir les jambes. Il marche super bien. J'avise ses grandes prothèses en carbone et intérieurement, je me régale : « Waouuuh, je vais pouvoir marcher avec des prothèses en carbone… ? » La porte côté passager s'ouvre et je découvre Suzana, la compagne de Philippe, blonde, grande, belle, jeune, souriante… « Waouuuh, moi aussi j'aurai une amoureuse comme elle quand je serai grand… ? »

Je m'élance dans mon fauteuil vers Philippe et Suzana. On s'embrasse, on se congratule, mais je ne perds pas de vue sa voiture. J'ai tellement envie de la conduire. D'ailleurs, je ne me gêne pas, je lui demande : « Je peux l'essayer ?

— Euh… On va attendre encore un peu, non ? D'accord ? »

Devant ma déception, il m'explique le maniement du mini-manche, les commandes vocales, le système de freinage… Je m'y vois déjà.

Nous passons à table pour un déjeuner animé. Nous n'arrêtons pas de parler, de rire, de raconter des histoires, des blagues, des souvenirs. Incroyable. Puis nous partons pour une promenade digestive. Visite – incontournable – du château de Lunéville et nous poussons jusqu'à notre future maison de Rehainviller pour la montrer à Philippe et Suzana.

Au retour, j'éprouve le besoin de discuter entre mecs.

Théo me traîne ensuite dans sa chambre comme un vieux pote. Il veut jouer, me montre ses Spider-Man [...] Entre nous, il n'est pas question de handicap ; nos destins sont tissés par une même évidence. Inutile de se raconter pour comprendre, pour échanger[1].

Avec Philippe, je me sens en confiance. Alors je lui révèle mon seul vrai tourment. Le supermarché Cora. La rue. Les lieux publics. « Comment tu fais, toi, pour supporter le regard des autres ? »

Il sourit et, en guise de réponse, il me pose à son tour une question : « Quand tu rencontrais une personne handicapée, comment tu réagissais, toi, avant ta méningite ? »

Je reste hébété. Comme une andouille. Ses mots percutent mon cerveau – on dirait des tambours. Placé face à mes contradictions – reprocher aux autres un comportement qui était le mien *avant* –, je me réveille d'un coup. Comme sous l'effet d'une grande tarte dans la gueule. Mais c'est l'évidence ! Chez Cora, le regard des autres, c'est le mien

1. *Ibid.*

d'autrefois... À dater de ce jour, je ne tiendrai plus jamais compte du regard des autres.

Et cela va changer ma vie.

*

Sur le trajet du retour vers Châtellerault, une idée commence à germer dans la tête de Philippe. C'est ce qu'il me confessera plus tard.

J'ai encore dans le cœur l'émotion de Dominique, le père, quand il m'a raconté l'histoire du vélo rouge. Théo l'a reçu pour ses six ans et, un mois après, il était amputé des quatre membres.

Vélo, vélo, vélo, j'ai un petit vélo qui tourne dans ma tête. Je tiens à ce que Théo puisse refaire du vélo tout seul, j'en fais une affaire personnelle. Un jour, alors que je visite le Salon du handicap, je m'attarde sur le stand d'un constructeur allemand visiblement à la pointe de la technologie. Je me renseigne : « Seriez-vous capable de fabriquer un vélo pour un gamin de six ans qui n'a pas de mains, pas de pieds, mais des coudes et des genoux ? » Le mec me répond : « Oui. »

Bien sûr, il y a un délai et il y a un coût – élevé, mais j'ai l'habitude. Tout ce qui relève de l'appareillage pour personnes handicapées est hors de prix : « 12 000 euros », m'annonce le fabricant de vélo. 12 000 euros, c'est une putain de somme, mais ça se trouve.

Aussitôt, j'appelle Stéphanie et Dominique Curin. Je leur parle de ma trouvaille. Je leur explique que s'ils veulent offrir à leur fils une vie qui sorte de l'ordinaire, il va falloir très vite créer une association pour Théo. On doit récolter des fonds nécessaires aux dépenses que vont engendrer ses moindres faits et gestes à l'avenir[1].

D'origine modeste, Papa et Maman sont des gens courageux, discrets, habitués à se débrouiller tout seuls sans jamais demander l'aide de personne. Alors là, ils auraient l'air de demander la charité, de faire la quête – et de bafouer ainsi leurs valeurs.

Ils ne se rendent pas bien compte. Ils sont très hésitants. Pour ne pas dire opposés à ce projet. Ils n'ont pas envie d'attirer l'attention sur eux ni d'avoir l'air de demander de l'aide. Ils ont le réflexe de protéger leur gamin, ce qui est légitime. Mais, moi, j'ai acquis une certaine expérience depuis mon accident. Quand c'est arrivé en 1994, les bras – prothèses de bras – étaient remboursés comme une paire de lunettes, c'est-à-dire : rien du tout. Les conditions de remboursement pour l'appareillage des handicapés se sont améliorées, mais c'est encore nettement insuffisant. C'est pourquoi je me permets d'insister sur l'importance de se structurer pour créer l'événement.

1. *Ibid.*

Je leur explique : « Mes enfants m'ont offert un saut en parachute ! Je veux que vous veniez sur place, avec nous. J'invite les équipes de Jean-Luc Delarue, France 3 Régions, j'appelle tous les médias que je connais. Je fais mon saut en parachute, ça fait du buzz, et vous, vous êtes là pour parler de votre association. De sa raison d'être : offrir un vélo à Théo pour ses huit ans. Il n'y a rien de mal à ça dans une société basée sur la communication. C'est un système où tout le monde est gagnant.

Par précaution, je tâte le terrain auprès des médias auxquels j'ai pensé. L'histoire de Théo, c'est malheureux à dire comme ça, mais c'est du pain bénit pour l'audimat. Alors, je me permets d'insister auprès de Stéphanie et de Dominique : « OK, vous avez quinze jours. Vous trouvez un nom à votre association, vous dégotez deux ou trois personnes solides sur qui vous êtes certains de pouvoir compter. Je fais un saut en parachute et, devant les caméras, vous déployez vos banderoles. »

Cette fois-ci, plus de résistance. Mon obstination a payé. [...] Au générique de fin s'ajoutent les coordonnées d'En marche pour Théo et les dons affluent de toute la France. Théo aura son vélo électrique. Un tricycle, en fait, adapté à ses mesures[1].

La presse régionale, elle aussi, entre dans la danse. Le coup d'envoi est donné le 6 juillet 2007

1. Entretiens avec les auteurs (2021).

dans *L'Est républicain*. Une photo accompagne un article doublé d'un appel aux dons en faveur de l'association En marche pour Théo. C'est une photo de famille, une photo de nous cinq : Papa, Maman, Océane, moi et Spider qui, sous la forme d'un sac, cache pudiquement mes bras amputés. La légende se passe de tout commentaire : « Théo appréciait les promenades à vélo, en forêt de Mondon, avec ses parents et Océane, sa grande sœur. Avec un modèle adapté, il pourrait retrouver ce plaisir. »

C'est parti !

Et toute la région suit. Le supermarché Cora de Moncel-lès-Lunéville, généreux donateur, devient partenaire de notre association et lance le « Mois du cœur » dans tous les magasins Cora du département : on peut y acheter des figurines en faveur de Théo (moi) pour 1,50 euro – et elles s'arrachent comme des petits pains. L'association Amitiés Loisirs de Lunéville organise un loto. La MJC, elle, remet un chèque de 750 euros à Papy Michel à l'occasion d'un thé dansant. Pour Noël, les élèves de mon ancienne école maternelle de la rue des Jonquilles vendent des petits sapins avec des paillettes. Même le club de kick-boxing donne un chèque à l'association. Le club de foot de l'union sportive Trailor Lunéville lui emboîte le pas et je paie d'ailleurs de ma personne : je donne le coup d'envoi d'un match par moins huit degrés. À leur tour, pour nous souhaiter la bonne année, les lecteurs de *L'Est républicain* envoient à En marche pour Théo une somme très conséquente – et j'en passe. Bref, une mobilisation générale.

Le 26 mars 2008, je me rends en Allemagne pour faire les ultimes réglages de mon engin futuriste. C'est un tricycle énorme, avec des couleurs qui crachent : du jaune, du rouge et du bleu. Les roues arrière sont aussi larges, imposantes, que la roue avant. Je fais virer les cale-pieds mais je ne suis pas contre le coffre et les clignotants. Quant au mât sur lequel est fixé un drapeau, ça m'a l'air un peu beaucoup, mais bon, je prends.

Et le 20 avril 2008, pour les huit ans de Théo, je suis à ses côtés, en compagnie de sa famille et de ses amis, pour le voir souffler ses bougies. Il ouvre la porte du garage. Le tricycle est là. Théo l'enfourche. Le voilà parti, au loin, intrépide... Je verse un torrent de larmes sur le bitume[1].

Autour de mon gâteau d'anniversaire, il y a les proches. Et, parmi les proches, il y a un visage attendri. Celui de Laure. Laure Noisette. Mon écureuil. Pas près de l'oublier, son visage. Et pas près non plus d'oublier ce qu'elle a fait, mon infirmière *à moi*.

---

1. *Ibid.*

Des mois plus tôt, alors que la nuit tombe sur notre centre de Flavigny, elle glisse une lettre dans mon sac à dos. « C'est pour ta maman, Théo. »

Quand je m'occupe des enfants, je m'en occupe totalement. Je leur envoie toute mon énergie. Je me donne à fond. Mais quand je quitte le centre, j'ai besoin d'une soupape. D'une bulle. D'une évasion.

Cette opportunité de me ressourcer, je la trouve dans la confection d'objets, de bijoux, de créations en tous genres. Je travaille les tissus, la laine, le bois, les perles, la terre… Et chaque année, je revends mes petites bricoles sur les trois marchés de Noël de la région.

Quand j'ai appris l'existence de l'association En marche pour Théo, j'ai bien sûr voulu en être. Dans ma lettre, j'ai proposé à la maman de Théo de participer à l'achat du vélo en reversant le fruit de toutes mes ventes. Et puis, aussi, d'acheter des gadgets et autres porte-clés afin de les revendre au profit de l'association. Et enfin, sur mes stands, de faire la promotion du projet et d'appeler aux dons pour le vélo de Théo.

En glissant ma lettre dans son sac à dos, je me suis dit que j'étais folle. Je n'avais jamais fait une telle démarche. N'étais-je pas trop intrusive ? N'aurais-je pas dû rester à ma place de soignante ? Éviter la confusion des genres ? Mais comment expliquer à quel point je me sentais impliquée dans l'histoire de ce petit garçon ?

À Stéphanie, j'ai bien dit combien j'avais conscience de n'apporter qu'une petite goutte d'eau à cette si belle aventure.

Quand Maman lit la lettre de Laure, nous sommes saisis par l'émotion. Maman est bouleversée et elle lui répond dans la journée : « Ce sont avec les petites gouttes d'eau que naissent les grands océans… Merci du fond du cœur. »

Le jour de mes huit ans, après mes premiers coups de pédale et alors que Papa découpe le gigantesque gâteau d'anniversaire, mon regard croise celui de l'écureuil.

Et là, c'est moi, le petit Théo, qui me retiens pour ne pas pleurer.

Chapitre 5

Tout se joue dès les premiers instants, dès les premières minutes, dès les premières secondes.

Ce matin de septembre 2008, je n'en mène pas large. Car cela devait bien arriver un jour : me voilà de retour dans une vie *normale*. J'ai pourtant bonne mine : je reviens d'une cure à Saint-Gervais, Haute-Savoie, où les chirurgiens m'ont envoyé pour soigner mes zones greffées et mes cicatrices. Là-bas, j'étais le chouchou de toute l'équipe. Ensuite, j'ai enchaîné sur deux journées à Disneyland où je me suis éclaté avec toutes les attractions. Mais aujourd'hui, fini de rigoler. La cloche va bientôt sonner la rentrée scolaire en CE1, à l'école primaire d'Hériménil.

Le maire de ce village d'un millier d'habitants et le directeur de l'établissement ont pourtant bien fait les choses. Ils ont rénové la cour de l'école, qui était toute caillouteuse, toute défoncée : ils l'ont bitumée et ont installé des plans inclinés aux endroits stratégiques. Des rampes d'accès qui n'attendent que mon arrivée.

Grâce aux dons de toutes celles, de tous ceux qui ont été touchés par ma petite personne, j'ai pu enterrer mon vieux fauteuil dans la remise et inaugurer un nouveau fauteuil électrique digne de Spider. Un truc ultraléger, ultramaniable. Un fauteuil de compétition.

Ce matin-là, donc, en franchissant les portes de l'école avec mon bolide supersonique, je me dis : « Mon pauvre Théo, tu as deux options. »

La première, c'est d'en faire des caisses avec ton handicap. Te faire aider. Te faire plaindre. Te placer sous la protection des professeurs. Te réfugier dans ton coin. Rester dans l'ombre. La jouer profil bas.

La seconde, c'est d'assumer ta différence. Plonger dans la mêlée. *En être.* Faire tout comme les autres – sans aide. Être joueur, joyeux, jovial, partant pour toutes les conneries. Moi, handicapé ? Mais vous avez vu ça où ?

Sur le papier, la première option peut sembler la moins fatigante, la plus discrète, la plus rassurante. À mes yeux, c'est la plus dangereuse, la plus sournoise. Quel que soit le milieu, « bon chic bon genre » ou « racaille patentée », si tu te ranges d'entrée parmi les victimes de la vie, les crucifiés, les fragilisés, les isolés, les perdus, alors c'est écrit, tu vas t'en prendre plein la gueule. Partout où vous irez, vous aurez toujours des fouines malintentionnées qui guettent les proies faciles. Repérer ces proies, c'est le talent des gourous, des proxénètes, des *serial killers* et, en règle générale, des tordus de tout poil. Même des enfants peuvent parfois être d'une cruauté vicieuse, d'une violence sans limites.

Et le premier jour, ça se joue à rien, tu as trois secondes pour choisir ton camp. Moi, c'est la seconde option, et ça le sera toute ma vie. Résister à l'envie de me cacher. Refuser d'entrer dans la case « handicapés »... Quand j'arrive dans la cour de récré ce matin-là, je fais le malin sans attendre, j'interpelle, je nargue gentiment, je souris à tous, j'invite les autres à venir jouer avec moi : « Hé, les amis, vous avez vu ? J'ai un petit bolide ! Allez, qui vient faire un tour avec moi ? » Et c'est ainsi que naît une chaleureuse camaraderie. Avec les filles, ce sera plus subtil : « Tu veux bien m'aider à fermer ma trousse, s'il te plaît ? » – alors que je suis parfaitement capable de la fermer tout seul. Les filles sont plus réservées, plus douces : le rose qui monte aux joues, un battement de cils, de la bienveillance, et voilà, une nouvelle connaissance...

En résumé, ce qui va t'arriver dans l'existence dépend de ton attitude. Moi, j'ai eu beaucoup de chance de tomber dans une école aussi sympa. Jamais, jamais, jamais je n'ai été rejeté. Jamais. Par personne. Et puis, dans ma classe, il y a celui qui va me prendre sous son aile et devenir l'un de mes deux meilleurs amis. Axel Millet. Ami pour la vie. L'autre se nomme Alexis Duval et il est dans la classe du dessus. Ami pour la vie. Tous les deux sont mes voisins. Et de façon naturelle, évidente, indiscutable, nos parents deviendront amis.

Nous sommes donc les Dumirin. Du-Mi-Rin. Du comme Duval. Mi comme Millet. Rin comme Curin. J'ai longtemps cru que c'était un nom de code inventé pour marquer notre amitié, notre complicité, notre fratrie. En réalité, c'était une astuce des parents quand on faisait des sorties familiales au restaurant. Et qu'ils réservaient une grande table : « À quel nom ? » « Dumirin. » « Bien, monsieur. »

Avec Axel et Alexis, nous faisons les quatre cents coups – en classe de neige comme dans les campagnes de Rehainviller. L'hiver, on fait de la luge. Avec les beaux jours, on retourne à la « cabane ». Et là, on se réincarne en trappeurs, en aventuriers. Parfois, j'éprouve quelques difficultés pour avancer dans ce paysage avec mon tricycle. Il est génial, je l'adore, mais il est lourd et impossible à manier sur certains chemins. Alors le père d'Alexis entre en action. Il fait remarquer à son fils qu'il peut aménager pour son ami Théo la petite remorque dont il se sert pour transporter les ordures à la benne. Aussitôt fait. Donc, avec son vélo, Alexis peut tirer la remorque dans laquelle je m'installe. Et direction notre cabanon en bois protégé par des bâches, qu'Alexis a construit pas très loin du stade de foot. Non seulement on y allume des feux avec Axel et les potes, mais dessus, on pose une grille et, en guise de goûter, on se fait cuire des steaks hachés. C'est le bonheur absolu.

Dans un autre genre, toujours grâce à Alexis, figurez-vous que je m'initie à la pêche. On va s'inscrire au club de la Carache lunévilloise. L'hiver, on y apprend la technique. Au printemps, on pêche en rivière. Je suis excellent au lancer. Puis je positionne ma canne sur un rouleau à déboîter. J'ai juste besoin d'un coup de main pour fixer ces foutus asticots au bout de mon hameçon et après, je me démerde comme un chef. Un jour viendra où notre talent sera reconnu et chanté par toute la Lorraine. Lors d'un concours de pêche à Saint-Jean-lès-Longuyon, Alexis gagnera l'épreuve. Et moi, je me classerai deuxième. Grand moment de fierté pour la Carache lunévilloise.

*

Que les âmes sensibles évitent de lire ces quelques lignes. Où il sera question de toilette intime.

Sur son trône, quand un être humain amputé des deux mains se retrouve en tête à tête avec son rouleau de PQ, imaginez les moments de grande solitude. Pour un handicapé, en effet, le maître mot, c'est l'autonomie. Dans leur immense majorité, les lieux publics font l'impasse sur la détresse de leurs contemporains handicapés en pareilles occasions. Vous allez aux toilettes et vous n'avez pas de mains ? Eh bien, sans mauvais jeu de mots, démerdez-vous ! Mais, évidemment, le problème se pose d'abord à la maison. Si vous n'avez pas les moyens de débourser 3 000 euros ou plus, comment s'équiper de *washlets*, de *woshuretto*, en clair de chiottes à la japonaise, où une manette de pilotage – branchée sur une console – régule la puissance du jet, la température de l'eau, l'intensité du séchage et bien d'autres fonctions encore ? Je n'aurai pas assez de mille vies pour remercier tous les particuliers, tous les collégiens, tous les parents, toutes les associations, toutes les entreprises et tous les médias qui, par le biais d'En marche pour Théo, sont venus en rangs serrés à notre rescousse. Et, dans notre maison de Rehainviller, à ces *washlets* s'ajouteront un fauteuil de douche et tant d'autres équipements indispensables, essentiels à l'autonomie et à l'épanouissement d'un handicapé.

À ces dons émouvants, il convient de joindre tous ces petits mots tombés des cieux. Des mots d'encouragement, des mots de soutien, des mots d'amour. J'ai encore en tête le tout premier *post* arrivé sur notre blog. Celui d'une jeune fille, Cathia. « Tu es mon héros, Théo. » Et depuis, je ne me sens pas le droit de décevoir Cathia. Ni toutes les Cathia du monde. Ces personnes sont venues à moi et, à mon tour, j'éprouve le besoin, le désir d'aller vers elles. D'être à leur écoute, d'échanger. De leur exprimer ma reconnaissance infinie. De leur dire, de leur répéter à quel point je leur dois un bon gros morceau de mon assurance, de ma confiance en moi. De cette envie pressante de me dépasser, de me surpasser. De ne pas me contenter de rêver, mais d'aller au charbon pour réaliser mes rêves. Et avec le sourire, si possible – c'est toujours mieux, non ?

*

Vacances d'été 2009. Mois de juillet. Voiture. Le Berlingo Citroën de Papa. Ma sœur et moi à l'arrière. On traverse le pays, d'est en ouest, de la Meurthe-et-Moselle jusqu'à la Vienne. Destination La Roche-Posay. Trois semaines dans la station thermale. Temple de la cure. C'est là que mes parents ont pris une location. C'est là que je vais suivre des soins pour la cicatrisation de mes membres amputés. Sur place, je me fais des copains : Lucas, Enzo, Dylan, Victor. Mais l'important réside dans le kilométrage qui sépare La Roche-Posay de Châtellerault. Vingt-trois kilomètres. Par la route, disons vingt-cinq minutes. Et à Châtellerault, il y a qui, je vous le demande ? Philippe Croizon, bien sûr. Ces derniers mois, avec Philippe, nous ne nous sommes pas lâchés.

Je découvre un gamin exceptionnel qui ne cesse de me surprendre. Il a une force sidérante où jamais le trouble ne paraît. Il me rend souvent visite, et nous allons partager des plaisirs de son âge : le Futuroscope de Poitiers, le Puy du Fou… Quelques coups de téléphone, des SMS... Rien d'envahissant, car il n'est pas question de me substituer à ses parents[1]*...*

Philippe nous invite à être les témoins privilégiés de son entraînement en vue de sa future traversée de la Manche à la nage. Dont acte. Nous multiplions les allers-retours entre notre station thermale et le centre aquatique de Châtellerault.

Là-bas, sur place, je le regarde enchaîner longueur sur longueur. Je suis fasciné. C'est une véritable machine de guerre. Pour devenir le premier sportif aussi lourdement handicapé à accomplir un tel miracle, il s'impose une discipline de fer. Je prends conscience des efforts monstrueux qu'il mobilise pour parvenir à son objectif. C'est peut-être une évidence pour tout le monde, mais pour l'enfant de neuf ans que je suis, c'est une révélation. Il se prépare comme pour partir au front. J'admire sa constance, son rythme de métronome. Très jeune, donc, j'assimile le lien entre performance et rigueur, exploit et abnégation, prouesse et courage. On n'est pas là pour plaisanter. Mais, dès qu'il sort de l'eau, on se marre.

Je me marre beaucoup moins, et même plus du tout, le jour où, à la sortie d'un de ses entraînements, Philippe me propose de le rejoindre afin de barboter avec lui dans la piscine. « Euh... ben oui, oui, euh... mais bien sûr... avec grand plaisir... j'arrive, je... je vais me changer... » Avec grand plaisir ? Oh, Théo,

1. *Ibid.*

réveille-toi. À reculons, je me dirige vers les vestiaires comme un cochon se rend à l'abattoir. Je ne peux quand même pas me défiler. J'aurais trop l'air d'une brêle. En un sens, c'est plutôt courageux car je sais que je vais au désastre. J'enfile un slip de bain en faisant ma prière. Lunettes, ceinture de flotteurs, bonnet de bain – et retour vers la piscine. Sur le chemin, je ramasse tout ce qui traîne à portée de mes moignons : bouée, manchons, frites d'aquagym. Jésus, Marie, Joseph, sauvez-moi. Sur le bord du bassin, Philippe me lance : « Un petit plongeon, mon Théo ? »

Pas de petit plongeon. Allez, juste un petit saut des familles. Tranquille. Classique. Et là, comme prévu, c'est la catastrophe, c'est le naufrage, c'est la noyade. Je suffoque, je bois la tasse, je coule, je remonte, je coule à nouveau, j'avale toute la flotte de la piscine, j'en ai plein la bouche, plein les yeux, plein le nez, je gueule, je hurle : « Au secours ! »

On me sort de l'eau. Un cachalot échoué sur la plage. Un cachalot qui pleure. Papa et Maman parlent de ma phobie à Philippe. Tous me réconfortent, mais j'ai trop honte de moi. Je me sens humilié. Ridicule. Vexé jusqu'au trognon. Je n'ose plus regarder Philippe dans les yeux. Je n'ose plus regarder personne. Je reste muet. Je suis malheureux.

J'imagine que cette première approche restera sans lendemain[1].

1. Philippe Croizon, *op. cit.*

Quelques heures passent, et puis je me ressaisis. J'arrête de pleurnicher. Je ne peux pas en rester là. Rester sur une note aussi lamentable, ce n'est pas possible. Faire dans mon froc – à vie – dès que j'approche à moins d'un kilomètre d'une piscine ? C'est bon. Y en a marre. Ça va. Ça suffit. Je veux me prouver à moi-même que je vaux encore quelque chose.

Dans la voiture qui nous raccompagne vers le grand calme de notre station thermale, j'interpelle mon père : « Papa, je veux apprendre à nager.

— Hein ? Qu'est-ce qu'il a dit ? Qu'est-ce qu'il dit ?

— Il dit qu'il voudrait que tu l'inscrives dans un cours de natation pour apprendre à nager. »

Chapitre 6

Dans un premier temps, je ne bouge pas, je ne fais rien, je reste assis sur mon fauteuil électrique, au bord du petit bassin. Ça a l'air évident comme ça, de nager, mais c'est quand même plus facile quand on a des bras et des jambes… Le nouveau Théo ne se laisse pas décourager. Il va y aller, d'accord, mais à son rythme.

J'ai toujours des complexes avec mon corps, j'ai encore du mal à l'accepter, et plus encore dans une piscine. Je me refuse à exhiber mes membres amputés. Je me refuse à me montrer en slip de bain. Je me réfugie alors dans une épaisse combinaison d'homme-grenouille.

J'attends les consignes de Momo.

Maurice Foigne. Maître nageur. Ancien bon joueur de water-polo, qui a longtemps défendu les couleurs de Lunéville. C'est le parrain de ma sœur. Momo est marié à Christine, la grande sœur de Maman. Quand on a décidé de lancer l'association

En marche pour Théo, ma tante Christine a aussitôt payé de sa personne. Elle était crucifiée par ma situation. Elle avait le cœur déchiré pour moi. Elle n'en dormait plus – je le sais. Tante Christine et Tonton Momo ont toujours été des gens très importants pour moi.

Donc, Momo. S'il y a quelqu'un qui peut faire quelque chose pour moi, en renfort de Papa, c'est peut-être lui. Me débarrasser de ma phobie. M'apprendre à ne pas hurler dès que je mets un moignon dans l'eau. J'ai prévenu Momo que ce n'était pas gagné d'avance.

Depuis toujours, entre nous deux, on n'y va pas avec le dos de la cuillère. Notre mode d'expression usuel, c'est le mode taquin, le mode chambrage, le mode foutage de gueule intégral. J'adore ça.

De la façon la plus naturelle qui soit, car c'est notre mode de fonctionnement, je n'ai jamais eu la moindre retenue vis-à-vis de son handicap. Je lui parle comme à un enfant valide.

« Mais, tonton, une fois dans l'eau, comment je fais pour remonter ?

— Ben, t'as qu'à te servir de tes bras ! »

Et il hurle de rire.

Le fait de déconner à plein tube, de gommer toute forme de gravité, l'amène rapidement à la conclusion que c'est jouable. Théo est un boute-en-train né. On n'a pas à le stimuler. On n'a pas à le motiver. Il l'est. D'entrée de jeu, comme il ne sait pas nager, toujours en plaisantant avec lui, je lui propose tout ce que comportent les phases d'apprentissage. Étoile ventrale. Étoile dorsale. Un petit peu de « sous l'eau ».

Immense privilège, la piscine de Lunéville est à nous, et rien qu'à nous. J'apprendrai plus tard que nous devons ces créneaux de nage réservés, ce traitement de prince, à monsieur le député-maire, Jacques Lamblin, qui a été alerté sur mon cas et avec qui je vais être amené à sympathiser.

Je viens poser mes fesses sur les premières marches du bassin. Debout dans le sens de la largeur, de l'eau jusqu'à la taille, sans manifester la moindre impatience, Papa et Momo attendent que je passe à l'acte. Je saute, je saute pas ? Oui, non ? Au terme d'un suspense insoutenable, ce sera non. Je fais un petit pipi dans ma combi et on verra ça une prochaine fois.

Et puis merde, c'est maintenant ou jamais, allons-y, je me jette à la baille. Tel un chiot désarticulé, je me réincarne en étoile lunévilloise, j'aventure ma tête sous l'eau, je gigote, je gesticule, j'ondule et je termine comme je peux dans les bras grands ouverts de Papa. Qui me serre et me félicite comme si son Théo venait de traverser l'Atlantique. Je ne la ramène pas. Ce n'est qu'un premier round.

Mais c'est déjà gagné. Théo se rend compte à quel point c'est agréable de pouvoir flotter, se déplacer, utiliser son corps pour pouvoir se mouvoir. Alors, toujours dans la bonne humeur, on passe à la phase suivante. On travaille les glissées. On travaille sur l'équilibre du corps. On travaille aussi sur les plongées pour toucher – ou rapporter – des objets jetés au fond de la piscine.

Autre séance. Cet après-midi-là, je nous revois encore tous les trois. Papa a reculé de deux bons mètres. Au prix de quelques mouvements de nage désordonnés, non identifiés, je finis par retrouver les bras sauveurs du paternel. Et ainsi, à chacune de mes sorties, Papa recule de quelques mètres. Il s'éloigne de plus en plus, et moi, grâce à l'implication joyeuse de Momo, je commence – avec modestie, j'en conviens – à assurer. À me sentir dans mon élément dans cette matière si vivante et si souple. Pas de points d'appui pour positionner mon corps : je savoure, ah ça oui, je savoure. J'ai les mêmes sensations que les valides. Je me déplace et je flotte comme tout le monde…

Restons lucides. Je n'ai plus les jetons à l'approche d'une flaque d'eau, mais je nage encore comme un clébard.

Pas de précipitation.

Ceci n'est que la première phase.

À suivre…

*

Il n'y a pas que la natation dans la vie. Il y a peut-être aussi le foot, non ?

Dans ma chambre, j'ai des photos du célèbre Théo Curin avec un certain Zinedine Zidane. Grâce à ma marraine et via l'association Rêves, j'ai pu côtoyer le roi Zizou à Disneyland. La gentillesse, la simplicité, la douceur, il est tout ça à la fois, Zizou. De nous deux, c'est évidemment lui le plus timide. Comme les quatorze enfants sélectionnés par l'association, ce jour-là j'ai droit à mon ballon et à mon tee-shirt dédicacés. Avec mon culot magnifique, j'ose lui demander une dédicace supplémentaire pour ma sœur Océane. Il s'exécute avec son sourire désarmant. Je lui dis que je vais m'essayer au foot mais que j'ai d'abord besoin de troquer mes prothèses provisoires contre de « nouvelles jambes ». Il me caresse la tête. Cela ne s'oublie pas.

Le 7 novembre 2009, avec Papa et Maman, nous prenons la route de Nancy. À l'établissement Louis-Pierquin, j'ai rendez-vous avec Benjamin, mon prothésiste. Pour ceux qui s'intéressent à ce genre de détails, mes prothèses sont réalisées sur mesure, et des moules en plâtre sont nécessaires à la fabrication des emboîtures et de cupules en silicone. En aucun cas, un moignon ne doit être en contact avec l'emboîture de la prothèse, ces cupules sont donc positionnées sur les moignons afin de les protéger. Vous suivez ? Des manchons standards enveloppent l'ensemble.

Après les opérations de moulage et de création des prothèses viennent les séances d'essayage. Il faut régler la hauteur et l'orientation des pieds. Vous êtes encore là ? Une fois les réglages terminés, les prothèses sont alors « habillées » : les tubes sont enrobés de mousse afin de ressembler à de vrais mollets. Pour finir, les prothèses sont maintenues aux jambes par des gaines.

Voilà. On y est. Je vais pouvoir enfin marcher à mon aise, courir, faire du vélo.

Pour commencer, de retour à Rehainviller, je prends sans trop tarder la direction du terrain de foot…

*

Le chemin de Fonteny. C'est là que ça se passe.

Je me suis inscrit au club de foot de Rehainviller. J'ai pris ma licence pour la saison à venir. Je joue avec les valides. Dans la philosophie de l'entraîneur, ce sport est un vecteur d'intégration et il est hors de question d'écarter un enfant du village parce qu'il est handicapé. Mes coéquipiers et mes adversaires ont un ou deux ans de moins que moi. Je cours à ma façon, je défends plutôt bien, je ne suis pas lamentable mais je ne suis pas non plus Cristiano Ronaldo. À l'entraînement comme en match, je donne le meilleur de moi-même, je ne veux pas être le boulet, celui qu'on ne veut surtout pas dans son équipe. Et dès le premier jour, j'y vais à fond. Comme à l'école. Sauf que là, je rentre maculé de terre, de glaise, de boue. Je ne ressemble plus à rien. J'en ai partout. Je suis couvert de merde. Je vais me faire tuer par ma mère.

Avant de rentrer chez nous, c'est-à-dire à l'abattoir, je sonne chez les Duval. Ils habitent à trois maisons de la nôtre. En me découvrant ainsi, la maman d'Alexis est effondrée. Elle voit tout de suite que mes belles prothèses sont souillées par la gadoue et elle a pitié de moi. Elle les décrotte, les brosse, les lave, les nettoie, les récure, les sèche. Elle me sauve la vie. Et d'ailleurs, Maman est impressionnée de me voir rentrer du foot propre comme un sou neuf. Il faut reconnaître que sur le sujet, j'ai un sérieux passif. À plusieurs reprises, en revenant de mes folles aventures dans la campagne avec Axel et Alexis, je sifflote depuis mon fauteuil électrique et, en pénétrant dans la maison, telle une souris géante, ploc, ploc, ploc, je laisse dans le sillage de mes roues des boulettes de terre séchée sur le carrelage que Maman vient juste de lessiver. Et là, mes parents pètent un câble.

*

Je résume. Piscine-loisir avec tonton Momo – et mon petit Papa dans le petit bassin. Football avec mes valeureux coéquipiers de Rehainviller. Et puis, à l'occasion, je tâte un peu de la sarbacane. Intéressant, la sarbacane. Je m'y étais déjà essayé lors de mon passage à Flavigny et j'avais bien accroché.

Avec le retour du printemps, à travers la campagne et les premiers arbres en fleurs, les sorties avec Axel, Alexis, ses deux frères et quelques potes viennent ensoleiller ma préadolescence. Sur son vélo, Alexis me tire dans ma petite remorque. Nous retrouvons nos chemins secrets, notre fidèle cabanon, nos feux de bois, nos steaks hachés en guise de quatre-heures. Au cabanon bâché viendra bientôt s'ajouter un second camp de base. Planté sur les rives de la Meurthe. Avec un arbre penché sur la rivière.

Je ne peux pas marcher dans l'eau avec mes prothèses mais j'utilise des genouillères. Pour moi, les copains ont apporté un bateau de plage en plastique, qu'ils gonflent sur place. Ils m'installent dedans et me tirent d'un bord à l'autre de la rivière. C'est trop bien, et ce n'est pas tout. Pour que je grimpe à l'arbre sur mes genouillères, Alexis me construit un petit escalier en clouant des planches jusqu'au sommet, de façon que je puisse en profiter comme les autres. À cet endroit-là il y a deux mètres de fond, et depuis que Momo m'a pris en main, je me régale à sauter dans l'eau, à faire des bombes et des ploufs.

Ni mes amis chers à mon cœur ni mes bons copains n'évoquent jamais mon handicap. Ils n'en ont *strictement* rien à foutre. Ils m'ont toujours connu comme ça et cela ne leur pose aucun problème. C'est à eux que je dois ces moments si joyeux, ces heures si intenses, cette enfance si chaleureuse.

*

À Lunéville, d'autres séances de natation ont suivi. Cette fois-ci, dans le cadre scolaire. Une convention a été signée entre la piscine et mon école afin que je puisse venir avec ma classe. Protocole validé, car Momo assure ma prise en charge dès que j'arrive à la piscine. Pour encadrer les enfants, il y a trois maîtres nageurs : Momo, Éric Bareth alias « Babar » et une ancienne championne de natation de très haut niveau, Brigitte Wendling, qui m'apprendra un jour à négocier les virages.

« Dis, Tonton, comment je fais pour nager dans les grandes profondeurs, là-bas, jusqu'au bout du bassin ? Ça me terrorise, moi, ça…

— Il y a une solution toute simple, Théo. Tu nages le long du bord. Et dès que tu as une appréhension, tu t'accroches au rebord, d'accord ? »

D'accord. Une fois parvenu au bout du bassin, il me fait nager dans la largeur, toujours avec cette possibilité de m'accrocher au rebord – au cas où. Par la suite, je multiplie les largeurs de bassin et je finis par oublier que j'ai trois mètres d'eau sous les fesses. Je commence à comprendre que plus c'est profond, plus je me sens léger et plus je découvre le plaisir de fendre l'eau.

Avec les écoliers, Momo organise des séries sur deux allers-retours en largeur, et je me retrouve à disputer une course avec Axel et des potes. Je termine premier en battant mon ami d'une courte tête. Je sais que j'ai une bonne capacité d'accélération, mais je me demande si ce jour-là, Axel n'a pas mis un tantinet le frein à main pour me laisser la victoire – et me mettre ainsi en confiance.

Le jour de gloire reste à venir.

Le voilà.

Aux premières loges, mon papa. Quand je pense piscine, j'ai le souvenir d'un père omniprésent. Le savoir près de moi m'a toujours rassuré. Sous ses yeux, je trace donc ma première longueur de bassin – et loin du rebord…

Dans mon couloir, je tombe mes premiers vrais vingt-cinq mètres.

Et là, croyez-le ou pas, tout le monde se met à applaudir.

*

Juillet 2010. Le Berlingo Citroën familial reprend la route de La Roche-Posay. Trois semaines de soins pour la cicatrisation de mes plaies. Drôles de vacances. Mais, en fait, cela devient un passage obligé. C'est la conséquence de ma croissance. En fin d'année – et cela va durer cinq ans –, je me fais raboter les os des jambes. Pourquoi ? Parce que mes os poussent plus vite que ma peau et, donc, menacent de la percer. Cela se passe sous anesthésie générale et quand je me réveille, croyez-moi, je chante. Je déguste *vraiment.* C'est une douleur inconcevable. Mais je ne suis pas là pour gémir. Je suis là pour épater la galerie. Je demande aux parents de « convoquer » Philippe Croizon. Il y a un immense espace aquatique au sein de l'établissement thermal, et on va voir ce qu'on va voir.

Pour Philippe et Suzana, j'accepte d'enfiler un slip de bain. Quand ils arrivent de Châtellerault, ils sont accueillis par Théo le comédien, qui prend la pose sur le bord du bassin. Un clin d'œil et vlan, je plonge – Momo ne m'a pas encore appris à plonger – et je m'offre un plat spectaculaire. J'enchaîne alors sur un aller-retour du petit bassin. Derrière mes lunettes de piscine, je surprends le regard ahuri de mon invité. Je suis assez content de mon coup de théâtre. Grand sourire de Philippe. À Maman, il dit : « Il a un tempérament de requin ! » À Papa : « Il a le mors aux dents, le petit cachottier ! » Et il se jette à l'eau pour venir nager avec moi.

Dans deux mois, Philippe Croizon aura traversé la Manche.

*

D'une piscine, l'autre.

La période estivale touche à sa fin et, un jour d'ouverture, Maman m'accompagne à la piscine de Lunéville.

J'ai remis ma combinaison d'homme-grenouille et je me prépare à fendre les eaux du petit bassin. Une nuée d'enfants commence alors à me tourner autour. À regarder d'un drôle d'air ma combinaison vide de bras, vide de jambes. À me fixer des yeux comme une bête curieuse, une bête de foire. Ce ne sont pas mes copains de classe – tous adorables avec moi. Je ne les connais pas, ceux-là, et je ne me sens pas à l'aise. Ils sont de plus en plus nombreux et ma gêne va grandissante. Ils se rapprochent. Ils sont à deux doigts de toucher mes manches inertes. Je voudrais qu'ils se barrent. Je voudrais qu'on m'oublie. Je voudrais juste qu'on me foute la paix. Pour moi, la natation n'est encore rien d'autre qu'un loisir, alors si on vient me le pourrir…

Je veux partir d'ici, et tout de suite. Je me mets à gueuler. À appeler ma mère. On s'en va, Maman. Ce n'est pas possible. Moi, je ne reste pas là.

D'ailleurs, dans la foulée, je pars au galop m'inscrire au club handisport de Lunéville, où je choisis la section… sarbacane !

Et on n'est pas près de me revoir dans une piscine.

Chapitre 7

Devant notre écran de télévision, je vois mon Philippe qui boucle en direct sa traversée de la Manche et qui sort de l'eau en frétillant comme une sardine. Je suis sur le cul. Quand il m'a annoncé ce qu'il allait entreprendre, j'ai cru à une blague, à une histoire de fou. C'en était une, mais il a réussi. Incroyable. Désormais, son surnom, ce sera Superman. Mais quand même, je me demande comment il s'y est pris. Moi, je ne pourrais jamais faire ça, j'aurais trop peur des vagues… D'ailleurs, j'ai juré-craché que la piscine, c'était fini.

J'ai peut-être parlé un peu vite.

Grâce à l'intervention du député-maire, qui réquisitionne toujours pour nous quelques créneaux horaires, avec Papa et Tonton Momo, nous réinvestissons la piscine en toute tranquillité. Je dois reconnaître que je me sens de mieux en mieux dans l'eau et que je deviens plutôt à l'aise sur les glissées. Mes séances avec les copains de l'école confirment ces sensations. Mais je ne vais pas vous mentir : si je trouve ça très agréable, je n'ai pas encore une passion débordante, obsessionnelle, pour la natation. Et puis bon, ma technique reste rudimentaire.

Notre député-maire, monsieur Jacques Lamblin, a montré tant de bienveillance à mon égard que j'ai un réel plaisir à le retrouver à la Fête du sport, ce 29 septembre 2010, dans les travées du stade Fenal de Lunéville. À ses côtés, et avec son adjoint aux sports, j'arpente les stands de toutes les associations sportives de la commune. Je dois élire le plus beau, le plus sympa de tous les stands. Les yeux fermés, sans hésiter, je vais choisir le mien : celui du club handisport de Lunéville. En somme, je vote doublement pour moi-même. Car mon club reverse le prix à notre association En marche pour Théo. Et pour couronner le tout, la mairie décide de nous faire cadeau des bénéfices de la buvette : 500 euros. Merci, les gentils buveurs.

*

Donc, j'ai laissé tomber le football – je ne me voyais pas un grand avenir dans cette discipline. À part ça, je maintiens mon rythme de croisière en piscine. Je fais un peu de tir à la carabine. Et je suis à fond dans le *blowgun*. La sarbacane sportive.

Dorénavant, je ne pense plus qu'en termes de tube en aluminium, d'embouchure avec clapet antiretour (histoire de ne pas avaler la fléchette), de carquois, de *darts* en acier équipées de petits embouts coniques en plastique. Bref, je me réincarne en Indien d'Amazonie, en guerrier ninja.

Mon premier champ de bataille ? Le gymnase de Flavigny. Je joue quasi à domicile. C'est là que se déroule le Challenge national handisport des moins de vingt ans. Cette épreuve rassemble quatre-vingt-neuf participants, garçons et filles, venus de toute la France sur un week-end, les 20 et 21 novembre. La matinée du samedi, en qualifications, je frôle la correctionnelle avec un score médiocre : deux cent quarante points, après dix volées de trois fléchettes. On n'est pas loin de la déroute. Sans vouloir la ramener, à l'entraînement, je vaux beaucoup mieux que ça. Mais c'est une vraie grande première pour moi : je découvre le stress de la compétition. Assis près de moi, Papa essaie de m'aider à l'évacuer. J'ai du mal. Je m'énerve, je m'agace, je suis tendu, furieux contre moi-même. Et puis, je me raisonne : « Oh, Théo, tu n'as que deux mois de *blowgun* derrière toi alors que les autres, eux, ont leurs deux mains et envoient des fléchettes à tout-va depuis déjà belle lurette. »

L'après-midi, je me ressaisis. J'arrive à me relâcher un peu et à faire quelques cartons. À l'issue de la journée, je sauve ma tête de justesse, mais je pressens que le dimanche ne sera pas jour de fête. Et en effet, je m'incline dès le deuxième tour. Je me console en voyant mon nom figurer parmi ceux de la première moitié du classement général. C'est pas si mal. Mais ce week-end-là, j'aurai surtout appris une chose. Ne jamais se laisser déborder par ses émotions.

Facile à dire.

*

Le 8 janvier 2011, c'est branle-bas à l'école de Rehainviller. Avant les vacances de Noël, durant des semaines, avec deux enseignantes motivées à mort, nous avons préparé cette rentrée spectaculaire : monsieur Philippe Croizon arrive dans nos murs ! Et je ne suis pas peu fier d'être à l'origine de cet événement. Mais ce qui me fait vraiment plaisir, c'est de voir comment les élèves de CM1, CE1 et CE2 se sont mobilisés pour que cette rencontre soit un véritable échange, et non un cours magistral ou une conférence comme en font souvent les adultes. Le thème central, évidemment, c'est le récit de sa traversée de la Manche. Nous avons préparé nos questions. Identifié sur des cartes le trajet qu'il a parcouru à la nage, entre le point de départ, la plage de Samphire Hoe, qui borde une falaise située entre Folkestone et Douvres, en Angleterre, et le point d'arrivée à Wissant, sur la Côte d'Opale, en France. Pour un quadri-amputé, cet exploit, c'est « l'Everest de la natation ».

Philippe pénètre à l'intérieur de notre établissement. Sur un tableau noir figure la date à laquelle il a touché la plage de Wissant : le 18 septembre 2010. Ainsi que le chrono officiel de sa traversée : treize heures et vingt-trois minutes... Mais dès que Philippe commence à s'animer, ces données-là s'effacent devant l'humain. Il raconte comment ses proches – chacun à sa façon – ont participé à cette aventure. À commencer par le soutien inconditionnel de Suzana, sa compagne, pendant ses deux longues années de préparation. « Sans Suzana, il n'y a pas d'amour, et sans amour, il n'y a rien. » Des mots qui me parlent. Des mots qui me rappellent quelqu'un. Ben oui, ma maman...

Une heure et demie à passer du rire aux larmes. Nous partageons ses peurs, nous nous inquiétons pour lui, nous sommes ballotés par des vagues affolantes et nous frissonnons à retardement tant il possède l'art de nous entraîner au milieu des eaux noires, glacées, infestées de méduses, d'une mer ô combien hostile. Nous nous ravitaillons comme lui, nous faisons pipi comme lui, nous vomissons comme lui. Nous pleurons comme lui. Nous pleurons *avec* lui. À commencer par moi, qui suis assis au premier rang.

À la fin, on s'identifie tellement à lui qu'à trois cents mètres des côtes françaises, nous redoutons d'être refoulés par une marée implacable – et d'en reprendre pour six heures de plus avant d'atteindre *notre* but !

À plusieurs reprises, Philippe revient sur l'esprit d'équipe, la solidarité des uns et des autres, les fidèles, les occasionnels – ce pêcheur français qui, sur un simple SOS de Suzana via Facebook, leur a envoyé un bateau quand les Anglais lui ont annoncé, la veille du départ, que « *sorry, sir*, le bateau promis n'est plus disponible… »

La suite, c'est un bombardement de questions, de réponses, de rires dans les deux sens. Et je ne suis pas près d'oublier l'explosion générale quand une des élèves lui demandera : « Vous avez perdu vos cheveux *en même temps* que vos bras et vos jambes ? »

Devant les trois classes, Philippe me remercie de l'avoir invité. Je la joue modeste. Je deviens couleur pivoine.

*

Toutes ces expériences me donnent des envies fiévreuses, irrésistibles, irrépressibles de me bouger le cul. De me remuer. De me dépenser. De me dépasser. De me frotter aux autres.

Avec le *blowgun*, tu es rivé à ton fauteuil, c'est trop inerte. Quelques mois plus tard donc, je remballe mes fléchettes dans mon carquois. Adieu, la sarbacane. Bonjour, le trampoline. Alors là, je m'explose. Sauter en l'air, voler, rebondir, voilà, ça, c'est mon truc, et j'en redemande. Je crois qu'avec les parents, on a dû se faire tous les *trampoline parks* de Lunéville et alentour. Mais ça reste insuffisant pour me calmer. J'ai besoin de plus. Je suggère à

Papa, qui est devenu trésorier du club handisport, de m'inscrire en section basket pour la rentrée de septembre. Je veux de la castagne. Comme ça. Pour voir. Et par ailleurs, sans attendre, dès les premières heures de juin, je demande à intégrer la section natation du club. Je commence à mordre à la nage et j'éprouve le besoin d'en faire davantage. La chose aquatique commence à me plaire. Avec le trampoline, je suis un oiseau. Avec la piscine, je suis un dauphin. Or, il y a un créneau pour la natation handi tous les jeudis entre 17 heures et 19 heures. Papa est très pour. Et donc, en plus du scolaire, tous les jeudis ou presque, on va le retrouver dans l'eau. Et Tonton Momo, qui ne cesse de m'encourager.

Savoir bien glisser garantit un bon apprentissage des nages. Un gamin a ça en lui ou pas. Chez Théo, c'est inné. Sa bonne glisse l'aide à compenser ses manques et à se propulser dans l'eau avec aisance. Au fil des séances, il parvient à se mouvoir vite en faisant très peu de mouvements. Avec son expérience de haut niveau, Brigitte l'aide à développer son potentiel. Grâce aux conseils qu'elle lui prodigue, Théo montre alors des facultés d'accélération.

Un jour, Momo me demande de lui faire une coulée ventrale. En clair, de tendre les moignons de mes bras et de mes jambes, et de glisser le plus loin possible avec ma tête sous la surface de l'eau.

Et là, il exécute une coulée ventrale absolument magnifique ! Mais vraiment magistrale ! Je me retourne vers les deux collègues et je leur demande : « Vous avez vu ce que j'ai vu ? La glisse qu'il vient de nous faire ? » Ils ont vu. Ils hochent la tête et leur sourire signifie qu'ils pensent la même chose que moi. Quand un gamin porte en lui une capacité naturelle à aligner de telles glisses, on se dit qu'on a peut-être de quoi en faire un bon nageur. Mais on était loin d'imaginer qu'un jour, le bon nageur deviendrait un nageur exceptionnel[1].

*

Dans ce gymnase de Vandœuvre, on se croirait – presque – dans un manège d'autotamponneuses. Sanglé dans un fauteuil d'occasion qu'on m'aura dégoté du côté de la remise, j'y vais de mes premiers tours de roues. Des roues géantes. Des roues ultraréactives. Qui tournent à droite, à gauche, sur elles-mêmes à une vitesse vertigineuse… Le basket-fauteuil, ça envoie *vraiment* : au niveau sensations, c'est autre chose que la sarbacane. La séance commence par du chinois : « Bon, les enfants, le 8, demi-terrain ! », lance le coach à la dizaine de

1. *Nager au-delà des frontières*, Gedeon, film réalisé par Robert Iseni, Marianne Cramer et Charlène Gravel. Double DVD incluant *La vie à bras le corps*, Marianne Cramer et Robert Iseni.

joueurs qui viennent vers moi pour me souhaiter la bienvenue. Rien que des adultes, que des handis donc, mais pas des quadri-amputés comme l'excellent Théo Curin. Plutôt des paralysés des jambes, des accidentés de la route. Des durs, des costauds, des balèzes. Par rapport à tous ces mecs, j'ai l'impression d'être un nabot. Je voulais de la baston, je suis là pour, et à les voir déjà se chauffer les mains sur les roues de leur fauteuil, je sens que je vais être servi.

« Allez, allez, allez, allez ! », hurle le coach. « Droite-gauche, droite-gauche, droite-gauche… ! » La toupie humaine se met à tourner – et de plus en plus vite. Tout le monde tourbillonne sauf ma pomme : je reste en plan, figé au milieu du terrain, avec mes roues en berne. Sans mains, c'est pas évident. Le coach comprend et va chercher des manchons, dont il recouvre mes moignons. Il me montre alors comment faire pour compenser ce qui me manque en longueur de bras. J'essaie. Je prends un peu de vitesse. Je sens que ça vient, j'arrive à tourner, ça y est, voilà, j'ai compris le truc. « T'appuies à gauche, t'appuies à droite ! », crie le coach. Oui, c'est ça, j'ai pigé. C'est génial. Je m'éclate ! À la queue leu leu, je ferme le cortège de fauteuils, encore un peu largué mais pas tant que ça. « Poussée, contre-poussée ! Poussée, contre-poussée ! Poussée, contre-poussée ! » J'ai la gorge, les poumons, les abdos déjà en feu. Mais ces grands loopings au ras du parquet, c'est grisant. Et puis on stoppe tout. Une pause.

Avant de réattaquer avec la seconde séance d'échauffement, on se met en rond une grosse minute au centre du terrain pour enregistrer les dernières consignes. Le coach s'adresse à moi : « Tu te remets derrière et cette fois, on fait un tour à pleine vitesse ! » C'est reparti. Et à nouveau, je suis à la ramasse, à l'agonie. « Attention, t'es déjà loin, Théo ! Accroche, accroche, accroche ! Allez, allez, allez… ! Pousse, pousse, pousse ! » J'y vais de tout mon cœur, de tout mon corps, j'essaie de recoller, je recolle, je regagne du terrain, vas-y, mon Théo, montre-leur. Holà, mais putain, y a pas de freins sur ces engins ! J'ai le choix entre me faire le mec de devant qui vient de piler ou le doubler et me manger la rambarde… Ce sera le mec de devant, et c'est bien sûr le choc. Nos roues s'entremêlent. Le joueur se retourne, un brin surpris. Il me voit en sueur, tout rouge, tout désolé. Il se marre, me gratifie d'un gentil signe de la main, et me glisse : « Pas grave, vieux, on en verra d'autres. »

Retour au centre du terrain. Par enchantement, comme sortis de nulle part, des ballons rebondissent en ribambelle autour de nos fauteuils. L'un d'entre eux semble m'avoir choisi. « Chacun son ballon ! », aboie le coach. Je les vois tous se pencher pour en ramasser un – et moi, pauvre de moi, je fais comment ? Devant mon désarroi, le coach en attrape un et me le balance sur les cuisses. Il pèse une tonne, ce foutu ballon ! Et il est farceur, en plus. Il m'échappe, roule, roule, roule, je le poursuis, me penche pour le rattraper, et bing, énorme coup de boule avec un gars qui essayait juste de m'aider. Là encore, j'ai droit à un sourire amical. J'ai de la chance. Je suis en très bonne compagnie.

« Allez, allez, allez… ! » Le coach n'aime pas les temps morts : « Dribbler, arrêter, attraper… ! » OK, j'ai compris, faut tout coordonner en un temps record, et avec un défenseur sur le dos. Se déplacer, tourner, ramasser le ballon, tenter le panier… Le panier… ? Pourquoi ai-je cette impression étrange qu'ils l'ont fixé à hauteur du dernier étage de la tour Eiffel ? Un lancer de ballon sans poignet, c'est compliqué. Le coach en est conscient. Il indique aux autres que si mon lancer effleure le filet, c'est bon. Ce sera validé comme un panier.

L'échauffement terminé, nous entamons le petit match d'entraînement du lundi soir et on devine assez vite que ça va dégommer. Je les sens prêts pour la châtaigne. Je jette un œil vers Papa qui m'observe depuis les tribunes. Il me fait comprendre que si je veux, je peux sortir. C'est ma grande première et il n'y aurait pas de honte à ça. Sauf que j'ai envie de rester, et j'attrape une chasuble qui passe à ma portée. C'est reparti. On m'a chargé de surveiller tout particulièrement un attaquant. Le coach : « Tu vois, ce mec-là, bah tu te démerdes comme tu veux, mais il ne passe pas ! Tu m'entends ? *Il ne passe pas !* » Non, non, il ne passe pas. Sauf que si, il passe, et tranquille en plus ! Il me feinte du genre « je passe à droite », tour de roue dans l'autre sens, il passe à gauche, et hop, il marque.

La honte. Je suis vexé, offensé, humilié. Le jeu reprend. Allez, Théo, on se ressaisit. La prochaine fois, le mec, il ne passe pas. Ah, le revoilà. Ce coup-ci, feinte de passage à gauche, mais je suis sûr qu'il bluffe, je ne bouge pas et boum, il me rentre dedans. Sous le choc, son fauteuil et lui, qui ne font qu'un, s'affaissent sur le flanc. Je suis si stupéfait de le voir se redresser tout seul d'une ruade, que je marque un temps d'arrêt. Je crois vivre un mirage. Il en profite pour me passer, marquer et crier : « C'est dans la boîîîîîte ! » La queue basse, je regarde le coach qui s'avance vers moi : « Tends tes bras… » Il retire mes manchons de fortune. Dessous apparaissent déjà des cloques et des brûlures. Le frottement de la peau sur les roues, ça ne pardonne pas. Il me suggère d'en rester là et me félicite pour mes débuts prometteurs. Il m'explique que je ne jouerai pas en compétition officielle. « Mais tu es *qualifié* pour tous les matches du lundi soir. » À une condition néanmoins, précise-t-il à mon papa. « Théo doit se procurer de vraies défenses pour ses bras. » Les autres portent des gants, des mitaines. Moi, il me faut des brassards, des manchons super résistants. Et, à nouveau, je vais faire appel à mes amis les prothésistes de Louis-Pierquin, à Nancy, qui me fabriqueront – en un temps record – des protections solides comme des pneus de camion. Grâce à eux, je peux continuer de me dépenser à fond comme j'en éprouve le besoin. Certes, il m'arrive de me vautrer comme les autres – et comme Papa, qui s'est même essayé une fois à jouer avec nous. « C'est quand même un peu brutal, ce sport, non ? », me demande-t-il un soir, dans la voiture, alors que je me suis pris un super gadin. Et moi, je lui réponds : « Ah, oui… ? Tu trouves ? » On éclate de rire. Quand je ris, c'est que je me régale. Et Papa adore quand je me régale.

Au-delà de l'amusement, du goût de l'action, du plaisir à jouer en équipe, je dois beaucoup au basket-fauteuil. Cette activité sportive m'aura permis d'évacuer, de conjurer tous les traumatismes liés à la brutalité des contacts physiques, qui me plombaient depuis ma petite enfance.

Je suis content de moi.

*

En ces premières lueurs de janvier 2012, les écoliers de Rehainviller n'en croient pas leurs oreilles. De retour en nos murs, Philippe Croizon leur raconte sa dernière lubie. Moi, il m'en a déjà parlé. C'est un projet de grand malade. Un truc de fou furieux. Relier les cinq continents à la nage. Pas moins. Il sera accompagné d'un nageur valide,

Arnaud Chassery. Cet ancien guide de haute montagne, qui a lui aussi une traversée de la Manche à son palmarès, sera « son binôme, son moteur, son poisson pilote ».

Filmé par deux réalisateurs, carte du monde et des océans à l'appui, Philippe s'en donne à cœur joie devant les élèves. Rien qu'à l'entendre énoncer – et commenter – les étapes et les épreuves qui les attendent, il y a de quoi défaillir. Leur épopée démarre à Wutung, en Papouasie-Nouvelle-Guinée, dans l'océan Pacifique. Arrivée à Skouw Mabo, en Indonésie. Plus de vingt kilomètres et huit heures de nage prévues entre des courants ultraviolents et des requins-tigres en pagaille. À peine le temps de récupérer et nous voici à Taba, en Égypte, à tenter de rallier Tala Bay, en Jordanie, en essayant d'éviter, là encore, toutes les espèces de squales mais aussi ces méduses très antipathiques, dont les brûlures sont quasi fatales. Et ça continue. Les écoliers sont effrayés, bouche bée, quand Philippe aborde l'épisode du détroit de Béring : entre une et deux heures de nage pour faire le grand écart entre l'île de la Petite Diomède (États-Unis) et l'île de la Grande Diomède (Russie) dans une eau glacée. À trois degrés, le danger de mort, c'est l'hypothermie. Avec un beau sourire, Philippe précise : « Sans parler des orques… » Des quoi ? À onze, douze ans, on ne sait pas forcément ce qu'est une orque, mais on sent intuitivement que c'est pas bon de se retrouver nez à nez avec la bestiole…

Après tout ça, on pourrait croire qu'enjamber le trait d'union entre Europe et Afrique sera une promenade de santé, une formalité, une plaisanterie, quoi. Grossière erreur. Le détroit de Gibraltar, c'est peut-être le plus gros morceau. La hantise de bien des skippers. Pour arriver jusqu'aux plages de Punta Cires, au Maroc, depuis la pointe de Tarifa, sur les rives de l'Andalousie, en Espagne, il faut non seulement zigzaguer entre les troncs d'arbre et les nappes d'hydrocarbure, mais se méfier comme de la gale de tous les cargos, bateaux de pêche et autres yachts géants équipés de moteurs à vous découper en rondelles... Comme l'an passé, les questions, les réponses, les rires fusent entre Philippe et les enfants, et en guise d'encouragements, il s'en va sous un tonnerre d'applaudissements.

Le soir, nous nous retrouvons tous à dîner autour de la table familiale avec deux des réalisateurs du film, Marianne et Robert. Grands moments de complicité, d'amitié, de rêve éveillé. Le lendemain, dans la rue, sous l'œil des caméras, je suis heureux d'entendre Philippe et Océane disserter ensemble sur les idées noires liées au handicap. Ma grande sœur a toujours du mal avec le regard des autres : « J'ai horreur de ça. C'est mon petit frère... Et s'il y a plein de cons qui le regardent bizarrement, alors moi, ça m'énerve ! » Pour moi, ces mots-là sont des lingots d'or, des trésors de tendresse.

Le dimanche après-midi, avec Philippe et sa troupe, nous filons jusqu'à la piscine de Lunéville – privatisée pour l'occasion. Les caméras nous suivent même sous l'eau. C'est impressionnant. Nous nageons longtemps, à se toucher presque, et c'est un bonheur pour moi. Un bonheur partagé, si j'en crois la petite séquence qui figure au montage final de son film.

Franchement, à côté de lui, je suis un gros lourdingue. Franchement, quand je le vois écrire avec ses bras, quand je le vois faire ce qu'il fait, c'est assez impressionnant. Il m'épate au quotidien. Tous les jours, en pensant à lui, je me dis : « Waouuuh… »

Et c'est là qu'il ajoute, assis sur son lit, en train de se filmer tout seul, oui, lui, le premier quadri-amputé à avoir traversé la Manche : « J'ai vraiment vécu de la fierté. » Je me dis : « Quoi ? Quelle fierté ? De qui il parle ? » Et lui d'insister, face caméra, les yeux embués : « J'étais fier d'être à côté de lui, à la piscine de Lunéville [1]. »

Je n'en reviens pas.

Et je me mets à rêver. Gibraltar. J'aime ce nom. Gibraltar. J'y accole des aventuriers, des contrebandiers, des pirates…

Gibraltar. Gibraltar. Gibraltar.

J'aimerais tellement en être.

---

1. *Ibid.*

Chapitre 8

Je vais en être.

J'en suis, et je me pince.

Le vol pour Malaga est annoncé.

Nos cartes d'embarquement ne tombent pas du ciel. Même si on n'est pas loin du miracle, le Saint-Esprit n'y est pour rien. C'est grâce à Charlène Gravel, Marianne Cramer et Robert Iséni, les trois réalisateurs du film *Nager au-delà des frontières*, et à la société de production Gedeon, que Maman et moi, nous sommes du voyage. Nous sommes des invités surprises, et nous ne sommes pas les seuls. Il y a là les parents de Philippe Croizon, Monique et Gérard, son fils aîné, Jérémy, et son frère, Jean-Luc. Aucun d'entre nous n'est attendu en Espagne. Le mot d'ordre ? Incognito. Pour l'heure, nous ne sommes encore que des supporters fantômes. Nous n'existons pas.

L'idée de base, c'est de voir – et de filmer – la tête de Philippe quand il va nous voir débarquer de nulle part.

Je suis sur un petit nuage. J'ai l'impression que même les ascenseurs de l'aéroport Charles-de-Gaulle nous accueillent avec le sourire, Maman, moi, mon fauteuil – et tout notre petit groupe. On est quasi dans une ambiance de vacances scolaires. On blague, on rit, on a dépassé le niveau potache. Et puis, soudain, les deux mots magiques : « Embarquement immédiat. » J'ai déjà assez de baptêmes de l'air en avion, hélico, montgolfière derrière moi pour appréhender ce voyage sans le moindre gramme de stress. Deux heures trente de vol. Puis, en minibus, cap sur Tarifa. C'est le point le plus au sud de l'Europe – et ce sera le point de départ de leur « baignade ». Bienvenue dans le détroit de Gibraltar. Les colonnes d'Hercule, comme disaient les Anciens.

C'est parti pour être un des morceaux de bravoure du film – et donc la troisième étape du pari fou de Philippe Croizon et d'Arnaud Chassery. À partir de la côte espagnole, affronter les courants et contre-courants de ce maudit détroit. Et là-bas, en face, fouler le continent africain sur une petite plage marocaine nichée près de Tanger, du nom de Punta Cires. Bref, surmonter une traversée à la nage où tous les scénarios sont à envisager. De la partie de plaisir à la noyade pure et simple.

Au moment de boucler ma ceinture, j'ignore que Philippe, à Tarifa, n'est pas à la fête. Il est rongé par le doute – et même saisi par un début de panique. À ce moment-là, alors que nous, on décolle enfin, nul ne peut se douter que notre héros est dans le dur comme jamais. Parce que depuis quelques jours, la mer étant ce qu'elle est – très agitée, vraiment mauvaise et même carrément méchante –, il lui vient des idées d'abandon. Oui, à bord de notre avion, qui pourrait deviner que le courage légendaire de Philippe Croizon, pour la première fois depuis qu'il a enfilé sa tunique d'aventurier, est à deux doigts de fondre sous le blanc soleil de l'Andalousie ?

Les heures passent et, en fin d'après-midi, le moral s'est presque évaporé. Il est au plus bas : « Je flippe ma race, j'ai vraiment peur », confie Philippe à un micro resté ouvert, sur cette terrasse de café de la place la plus animée de Tarifa.

Et comme dans les films, c'est là que j'apparais sur mon fauteuil, poussé par Maman, à l'orée des planches qui mènent à sa table. Les autres suivent. Car, dans un petit nuage poussiéreux de sable fin, à la façon d'un western américain, j'avance en tête de la « horde sauvage ». À un moment, je vois bien qu'il m'aperçoit, mais il plisse le front, il semble croire à un mirage. De loin, je lui souris. Ce sont des secondes d'émotion intense. Entre rires et larmes, Philippe ne sait pas trop comment réagir. Notre coup est parfaitement réussi. D'autant que sa mère l'a appelé il y a cinq minutes à peine pour lui donner la météo de… Noirmoutier ! Et la voilà maintenant, en chair et en os, qui s'apprête à embrasser son grand garçon…

On s'échange notre fameux *high five* (qui consiste à se taper dans les moignons) et, réjoui, je l'interroge : « Alors, alors, tu t'y attendais ? » Non, bien sûr que non. Il était à cent lieues d'imaginer un tel spectacle. Et, le malheureux, il était surtout totalement immergé dans ses tourments. Mais de me voir, de nous voir, Philippe semble aussitôt reprendre du poil de la bête. « C'est simplement énorme, s'émeut-il à la cantonade. Devant Théo, je ne peux pas abandonner... Je ne peux que réussir... Théo, c'est mon miracle... » Et, s'adressant directement à moi : « Théo, je vais nager pour toi. »

Un mouvement de caméra, et c'est Maman qui est invitée à livrer ses impressions. Après tout, six ans plus tôt, c'est elle qui a pris l'initiative de notre rencontre avec Philippe et son clan : « Je suis très flattée d'être ici. J'ai vraiment l'impression d'être avec eux comme si on était toute une famille. »

Toujours sobre, la *mother*. Mais jamais la dernière à répondre au sourire de nouveaux visages. À commencer par celui d'une jeune femme mince, dynamique, pleine de charme, qui semble superviser ce barnum. Son regard vif et espiègle attire notre attention. Nous nous sommes déjà rencontrés, c'est sûr, mais où ? Après plusieurs tentatives infructueuses, nous tombons d'accord sur un trou de mémoire collectif et nous en rions. Peu importe. Elle se présente : « Je m'appelle Anne Bayard, je suis l'agent de Philippe Croizon, et nous avons monté ensemble cette opération “Nager entre les cinq continents”... »

Maman et Anne décident de faire quelques pas sur la plage pendant que je rédige les cartes postales que nous venons d'acheter pour mon papa, ma sœur, mes grands-parents, les oncles, les tantes, les cousins – et les potes.

De retour de leur brève promenade, Anne file régler quelques milliers de problèmes d'intendance avec, dans sa poche, une *to-do list* interminable, à l'oreille, son téléphone portable, et à l'épaule, son grand sac rempli de dossiers, carnets, ordinateur : un vrai bazar. On dirait qu'elle se déplace avec tout son bureau. Dans ce décor estival où les femmes sont plutôt équipées de larges sacs de plage, avec serviettes, paréos, crèmes solaires et autres chouchous, elle détonne, la Anne. « À plus tard ! », nous lance-t-elle gentiment.

Un mot d'elle a provoqué en moi une profonde curiosité. Le mot « opération ». À mon jeune âge, je suis étrangement attiré par l'envers de tous les décors. Et d'abord, comment fait-elle, Anne, pour gérer un pareil cirque ? Un pareil chapiteau ? Une pareille armada ? En vérité, je veux tout voir, tout ressentir, tout comprendre. L'endroit *et* l'envers de cette aventure grandiose. On en reparlera.

L'après-midi, avec Philippe et son fils Jérémy, on s'arrête à la terrasse d'un glacier et là, nous nous régalons d'une glace géante à au moins trois boules. Philippe et moi, on s'en fout partout,

Jérémy est mort de rire et nous, on s'en tape complètement. Cela dit, allez-y, essayez donc de manger une glace en cornet sans les mains ! Ensuite, nous nous confectionnons une maxipaille ultragéantissime pour aspirer notre diabolo dans un verre placé à même le sol. Quelle rigolade ! Et nous finissons notre balade par quelques emplettes. De vraies jeunes filles.

Le soir, nous discutons, chantons, plaisantons jusqu'à pas d'heure. Une atmosphère de chambrée pour une veillée d'armes. Mais il est temps de regagner nos appartements. À Tarifa, les hôtels sont complets mais la production nous a logés à Algésiras, tous dans le même hôtel, à une demi-heure de route d'ici. Et demain, à la fraîche, bien avant l'aube, retour à Tarifa. Un jour à marquer d'une pierre blanche : le 12 juillet 2012.

Petit déjeuner servi à 4 heures du matin. Équipé d'un drapeau et d'une trompette, je suis remonté comme une pendule. Arrivé à l'endroit où Philippe et Arnaud vont s'élancer vers le continent africain, j'aperçois trois bateaux assignés à leur traversée. Je comprends vite qu'il n'y aura pas de place pour moi. Il n'y en aura pas davantage pour Maman, la maman de Philippe, la maman d'Arnaud ainsi que la compagne de celui-ci. Nous sommes contraints de rejoindre Tanger par le ferry. La contrariété défigure Philippe – vraiment. Mais il est temps pour lui de déclarer officiellement le départ de sa course. Il est 7 h 02. Du port, je regarde voguer les embarcations. Je suis triste.

Ce jour-là, nos deux nageurs ont enfin une fenêtre de tir. La mer est calme. Elle l'est même tellement qu'à coup sûr, ils vont traverser le détroit en pulvérisant toutes leurs estimations. C'est tant mieux pour eux. Mais, nous, nous risquons d'arriver à Punta Cires après la bataille.

Pas la peine de tergiverser. On court jusqu'à l'embarcadère et on saute à bord du ferry pour Tanger. Durée de la traversée : trente-cinq minutes. On se dit que ça devrait être bon. Et pourtant. Contrairement aux apparences, on n'est pas sortis de l'auberge…

Une fois sur le quai d'en face, nous envisageons d'emprunter des taxis mais les formalités de douane se révèlent ténébreuses et interminables. Pendant des heures, on nous demande ce qu'on vient faire ici, combien de temps nous envisageons de rester, etc. Le compte à rebours a commencé. Heureusement, les deux taxis qui nous prennent en charge ont compris la situation et roulent vite. Vite, et très près du bord de la route en lacets qui surplombe la plage où nous avons rendez-vous – quatre cents mètres plus bas.

J'ai mes jumelles et j'essaie d'apercevoir les nageurs : un petit point noir et flou apparaît à la surface lisse de la mer, puis un autre… Je fais les réglages nécessaires. Ce sont eux. Le téléphone sonne. « Vous êtes où ? », demande l'équipe « bateau ». « On arrive », répond l'équipe « taxi ».

Le chronomètre ne joue pas en notre faveur. Il leur reste à nager une vingtaine de minutes. Nous, pour atteindre la plage, il faut quasiment compter le double. C'est un comble. On réussit à ajouter du suspense au suspense. Un suspense atroce parce que nous sommes transis d'émotion. De plus, l'équipe arrivée par la mer n'aura pas le droit de s'attarder au Maroc : il lui faudra rentrer aussitôt après la validation de leur exploit. « Je stresse, c'est un truc de ouf. » Murmurer cette phrase me fait du bien. Exprimer sa tension, c'est déjà une façon de l'évacuer. Personne ne me répond. Les aiguilles tournent. Dans une poignée de minutes, les nageurs toucheront le rocher et, de fait, le chronomètre officiel s'arrêtera.

Selon mes calculs, c'est fichu. Appuyé contre la portière, je regarde la mer scintiller en contrebas, et j'enrage : « J'ai pas envie de dire le mot, mais… je suis *mort.* » Silence général dans le taxi.

C'est le terminus. Les chauffeurs ont fait leur maximum. Ils nous déposent au bout d'un chemin – c'est-à-dire en haut d'une colline. À présent, il faut qu'on rallie la plage à pied, sur un chemin sablonneux plutôt raide. Ce sera sans mon fauteuil. Avec leurs bras et leurs mains serrées, Maman et la femme d'Arnaud me confectionnent une chaise à porteurs et elles commencent à descendre en titubant sous mon poids. Le reste de la troupe suit le mouvement – avec mon fauteuil, j'imagine. La panique, la déception, la cruauté de la situation me font monter les larmes et la colère. Je crie : « Mais arrêtez de stresser ! » Depuis six ans, je suis bien placé pour savoir que ça ne sert à rien. Qu'il est toujours préférable de garder son calme. J'avoue que là, j'ai du mal.

Arrivée sur la plage. Retour du fauteuil. On essaie de me soulever dedans mais c'est encore pire. Mieux vaut me porter comme un sac de pommes de terre et c'est réellement avec cette sensation que je me jette à l'eau *in extremis*, à la rencontre des deux héros dont le temps va s'inscrire sur les tablettes : cinq heures et dix-neuf minutes. Une espèce de record. J'improvise un crawl en direction de Philippe. Derrière moi, les mamans fatiguées, émues aux larmes, savourent leur propre exploit. Elles aussi sont allées au bout de leurs forces pour quelques minutes d'incomparable bonheur.

Au passage, Jérémy pique les lunettes d'Arnaud et me les flanque autour du cou. Je ne ressemble à rien. Mais, ainsi protégé, je me détends enfin, je hurle, je déploie le drapeau français. J'exulte. Je profite de l'instant. C'est trop beau.

Puis nous sommes priés poliment de quitter le pays. Retour en terres espagnoles. Même composition d'équipes. Même ferry.

Plus tard, sur la plage de Tarifa, je retrouve Anne à qui je pose quelques questions. Elle a bouclé son tour du monde des médias pour diffuser l'exploit de Philippe. Elle couvre les journalistes de détails, leur envoie des photos, passe coup de fil sur coup de fil, où le mot « budget » revient sans cesse…

L'équipe de tournage fait le tour des popotes et demande à chacun ce qu'il a retenu de tout ça. « Qu'est-ce que tu éprouves, Théo, après ce que tu as vu aujourd'hui ?

— Bah, ça me donne envie de faire la même chose. »

Pour la première fois, j'ose me projeter dans une vie d'adulte. Une vie d'exploits. Je la vois chargée de succès à partager en famille. Et j'ajoute modestement : « On verra… »

Me revoilà seul avec Anne. Avec ses longs cheveux châtains qui flottent aux vents d'Espagne, je la trouve jolie comme une maman, qu'elle est d'ailleurs, elle me l'a dit. Et là, je prends mon élan, j'y vais, je lui pose la question qui tue : « Anne ?

— Oui, Théo.

— Quand je serai grand, tu voudras bien être mon agent ?

— Oui, évidemment. »

Et ce sera le cas.

Chapitre 9

Je reconnais cette voix.

Je sors la tête de l'eau, je vérifie, ah oui, c'est bien ça, c'est la sienne. Cette voix si douce appartient au président Lecomte. Guy Lecomte. Un homme bon, gentil, bienveillant. Un être humain, quoi. Je l'aperçois qui discute avec un maître nageur, à la sortie du pédiluve. Guy Lecomte œuvre sans relâche pour l'association handisport de Lunéville, il en est donc le président et Papa le trésorier. Moi, ni une ni deux, je me mets à gueuler : « Président ! » En quelques longueurs, dans mon crawl irrésistible à la Tarzan Jr, je suis déjà sur les marches du petit bassin. Je les efface tel un crabe et je rampe jusqu'à mon fauteuil. Va savoir comment, je me hisse dedans et j'envoie toute la gomme dans sa direction. Et là, je hurle : « Président ! Président ! »

L'homme, dont le fils handicapé est passionné de natation comme moi, se retourne et m'envoie un sourire ensoleillé : « Théo ? Et comment va-t-il, mon Théo… ?

— Bonjour, président. Il va à merveille, le Théo, et il est bien content de vous voir, président. Alors voilà, je ne sais pas trop comment vous dire ça mais… je veux faire de la compétition !

— De la compétition ? Et pourquoi pas… ? Déjà, on va commencer par le commencement. D'abord, te prendre une licence compétition, et ça, je m'en occupe. Pour la suite, je vais en discuter avec ton papa.

— Merci, président ! Et pendant qu'on y est, vous savez que je reviens de Gibraltar ?

— Je sais que tu reviens de Gibraltar…

— Et là-bas, président, j'ai rencontré un monsieur… »

Là-bas, à Tarifa, je rencontre un dénommé Hervé Richard. Qui est en Espagne pour une excellente raison : son épouse est la diététicienne d'Arnaud Chassery. Dans la vie, Hervé Richard est directeur du CREPS (Centre de ressources, d'expertise et de performance sportives) de Toulouse. À ce titre, il m'apprend qu'à Vichy ils ont une section natation paralympique, qui s'adresse à des jeunes de tous âges. « Pour y être invité, ajoute-t-il, il faut être *repéré.* » Alors moi, je me dis : si je fais de la compétition, peut-être que je serai *repéré*. Peut-être. On en parle avec Papa. On se renseigne sur Internet. À Vichy, il y a une section sport-études qui inclut la paranatation, et ça commence dès la classe de sixième…

Je suis fiévreux en racontant tout ça au président Lecomte. Son ton apaisant fait redescendre ma température : « Ta motivation me réjouit, me dit-il. Mais ne brûlons pas les étapes. Vichy, on n'y est pas, et on en est même encore loin. Dans un premier temps, je vais voir ce que je peux faire afin d'intensifier tes entraînements. Pour le reste, fais-moi confiance. »

Plein d'enthousiasme et d'espérance, je retourne à l'eau sous l'œil expert de Gilles Bourquier, maître nageur en chef et directeur de la piscine de Lunéville. Sur l'intervention de Momo, Gilles me fait bénéficier de son savoir-faire.

Quand Momo me demande si je peux prendre Théo avec les jeunes du club, à savoir des nageurs valides, j'accepte aussitôt. C'est une question de principe. Ce n'est pas parce qu'une personne est handicapée que je vais refuser de lui donner un coup de main. Mais pour être franc, avec Théo, j'avoue que je suis inquiet. Parce que son handicap est vraiment lourd. Vais-je être capable de lui apporter quelque chose d'intéressant ?

En fait, dès les premières séances, mes doutes disparaissent. Théo est un garçon hypermotivé, sympa comme tout, qui a le sens de l'humour et qui se fout du regard des autres. D'ailleurs, il est immédiatement accepté par tous.

Compte tenu de ses problèmes physiques, pas question pour moi d'enseigner à Théo la brasse. Je lui apprends à travailler son crawl, puis le dos. Ses progrès sont notoires. J'en suis moi-même surpris. C'est un enfant très tonique ; il n'est pas rare qu'il devance des nageurs de son âge qui, eux, possèdent tous leurs membres. J'en reste sidéré. Momo m'avait prévenu : « Tu verras, il a une bonne glisse. »

J'en conviens ! Au niveau de la flottabilité, Théo est impressionnant car il a très peu d'appui dans l'eau. Même privé de la surface de ses mains, il se débrouille bien. Il recherche ses propres appuis, et si le fait d'avoir des bras plus courts que ceux des autres est un inconvénient, il tire parti de son handicap pour imprimer un rythme plus rapide à ses bras. Résultat : moins de surface propulsive, certes, mais aucun problème pour suivre ses camarades durant toute la séance.

Je suis ébloui par ce môme.

*

Décision collégiale entre Papa et le président : contacter monsieur Thierry Masson. Qui c'est, celui-là ? Dans la région, ne cherchez pas, c'est le bon Dieu. Maître nageur à la piscine de Nancy-Gentilly, il entraîne des nageurs de tous niveaux, des nageurs valides mais pas seulement : il est aussi *le* spécialiste de la nage paralympique. Conseiller technique fédéral pour la natation à la FFH (Fédération française handisport), il est chargé de détecter les jeunes talents handis de la Lorraine. Recommandé par le président, Papa a pris un rendez-vous avec Thierry Masson. Dans ma tête, il n'attend que moi. Non, je rigole, là…

Quelques jours après la rentrée scolaire, Papa et moi nous rendons dans son domaine. Je vais être *évalué*. Monsieur Masson va observer mon niveau de nage dans le bassin *et* mon degré de handicap. Les deux vont de pair. Petit débrief rapide : selon l'importance du handicap que vous avez, vous êtes classé dans une catégorie allant de 1 à 10. Et selon la catégorie où l'on vous place, il y a des barèmes de temps. Pas la peine de vous obstiner si, par exemple, vos temps sont bien en dessous des minima requis dans votre catégorie.

Dès notre arrivée, Papa et moi sommes très bien accueillis. Nous discutons cinq minutes pendant que je me mets en tenue. Le bon Dieu m'indique alors une ligne et me met à l'aise : « Eh bien, Théo, maintenant tu vas nous montrer ce que tu sais faire. » Je me laisse tomber dans l'eau.

À moi de jouer.

Les bras croisés, Thierry Masson et Papa m'observent en silence tout en faisant quelques pas en tongs, comme deux promeneurs nonchalants. Je les oublie vite. Je nage. Je nage aussi vite que je peux. Peut-être même plus vite que d'habitude, au détriment de la technique. Oui, je sens bien que tout ça est un peu désordonné, mais je donne vraiment tout, comme si j'étais poursuivi par un grand requin blanc.

Au bout d'un long moment, Thierry et Papa me récupèrent. Je suis rincé. Vidé. Rétamé.

Thierry Masson garde encore en mémoire ces minutes qui vont changer ma vie.

Ce que Théo me montre ce jour-là, ce n'est pas un crawl académique mais une espèce de nage hybride. Peu importe. Je vois un garçon déterminé. Il a son petit sourire de satisfaction – qu'il gardera toujours, d'ailleurs – et qui est synonyme d'énergie, d'envie de bien faire, d'ouverture d'esprit.

Au niveau de la glisse, il y a aussi des choses à améliorer. Sa nage n'est pas encore « rentable ». Mais, après une série de stages intensifs et de compétitions répétées, sa technique se développera d'une manière fulgurante. Et en un temps record, son niveau va friser l'excellence.

On parle classification. Il estime que je ferai sans doute les compétitions en catégorie S3, voire S4, compte tenu de mon handicap. Ses cours à la piscine de Nancy-Gentilly me sont grands ouverts, mais là Papa grimace : ça fait vraiment loin de la maison. On abandonne l'idée aussi vite qu'elle est apparue dans la discussion. Thierry Masson, qui apprécie Gilles Bourquier, va lui demander de m'intégrer le lundi soir à l'entraînement de ses meilleurs nageurs valides – c'est-à-dire l'élite de Lunéville. Mais le lundi, c'est basket. Donc arrêt du basket au grand « désespoir » du président de la section en question. Qui perd forcément un de ses « meilleurs » éléments…

De plus, Thierry – je sais, je l'appelle déjà par son prénom – va nous envoyer par mail des séries d'exercices à faire seul avec mon père, qui se voit décerner ainsi le statut officieux de coach. Et le meilleur pour la fin : il me propose de participer à mon premier stage régional, à Vittel. Une semaine. Pendant les vacances de la Toussaint.

Alléluia.

Un stage ? Mais je n'y crois pas ! Je suis fou de joie.

On sera une quinzaine de nageurs handis, venus de toute la Lorraine et supervisés par Thierry. Le soir même, il est décidé à la maison que Papa prendra sur ses congés pour m'accompagner. « Je serai ton auxiliaire de vie », rigole mon paternel. J'apprécie. Seul pour me changer, me déplacer, accéder à tous les lieux que compte l'infrastructure, ce serait mission impossible. Je dispose maintenant d'une bonne autonomie mais pas assez pour tenir une semaine, dans un groupe, avec un programme paraît-il assez serré du matin au soir. Et même mentalement, j'ai besoin de mes parents en soutien. Toujours.

Ultime petit hic, ultime obstacle avant de faire de ce rêve une réalité : un stage comme celui-ci n'est pas gratuit. Il faut payer l'hébergement sur place. Papa en parle au président Lecomte. Qui répond présent – une fois de plus. En un quart de seconde, l'affaire est réglée.

Merci, président.

*

Première matinée de stage à Vittel.

Nous voici donc tous réunis au bord du bassin. Il y a des ados qui font un peu les kékés, les frimeurs, mais c'est bon esprit. Thierry Masson nous briefe sur le programme : répartition des groupes par niveau, planning, objectifs. « Je vous préviens, ça va être intense et on n'est pas là pour rigoler ! »

En clair, nous serons tous passés en revue afin d'évaluer, à la louche, notre probable catégorie en attendant que la commission de classification FFH rende son verdict officiel dès qu'elle en aura l'occasion. Et si nos temps correspondent aux critères requis par catégorie de handicap, nous serons invités à participer à la prochaine compétition régionale, laquelle aura lieu à Thionville. Saint Théo, priez pour moi.

J'écoute son discours religieusement, tout en priant pour être dans le groupe de Jennifer, que j'ai repérée parmi les coaches. Jennifer Laval. Elle est comme j'aime. Douce, drôle, dynamique : tu sens qu'avec elle, tu ne vas pas chômer. Elle a été championne de natation au niveau régional et sa passion d'enseigner se lit à travers sa posture bien droite, sa démarche sportive, son visage serein.

Yes ! Je suis dans le groupe de Jennifer : les « débutants ». Avec deux autres gars comme moi – lourdement handicapés. Je me souviens de sa première intervention. Preuve que je ne m'étais pas trompé : « Bon, Théo, tu me fais une heure sans t'arrêter.

— Waouh, mais je n'ai jamais fait ça !

— Bah, raison de plus. Tu n'es pas curieux de voir ce que ça donne ? »

Oh que si, je suis curieux. Et je me lance avec une bravoure qui m'étonne moi-même. J'alterne crawl et dos. Crawl pour aller vite, dos pour récupérer. Elle me propose un petit coup de papillon, juste pour voir. C'est vite vu : je fais du sur-place, je suis grotesque, et ça me rend fou. « Alors des battements de jambes uniquement, Théo. » Je m'exécute… et je recule. C'est le pompon. Je reprends mon crawl et au bout du compte, en une heure, j'ai parcouru un bon kilomètre. Mon premier kilomètre. Je suis fier de moi, mais – pardonnez la métaphore – qu'est-ce que j'en ai chié !

Sortie de l'eau. La serviette. Puis Papa me tend un short, un tee-shirt et, au bord du bassin, j'enchaîne sur ma première séance de prépa physique. Là encore, je déguste. Mais j'essaie de sauver les apparences. Le sourire, toujours. Et Jennifer est sans cesse au taquet pour m'encourager. Visiblement, elle m'a à la bonne.

L'après-midi, même intensité dans le travail. C'est impensable, mais je me sens de mieux en mieux dans l'eau. Et au fil des jours, j'arrive à retranscrire dans ma nage tout ce que j'ai acquis grâce aux conseils et aux petites astuces de Jennifer.

Résultat : sans me vanter, en une semaine, je constate une progression de malade et le regard de Jennifer me le confirme.

Théo, c'est le rayon de soleil du stage. Il est le plus jeune, mais il a un de ces punchs ! Il en bave, mais ne se plaint jamais. Il sourit. C'est une petite boule d'énergie, avec une bonne bouille… Il est là pour se faire les dents, engranger des informations. Pas évident, car il est avec deux nageurs plus lourdement handicapés que lui ; sa ligne est par définition la plus lente. À lui d'imprimer vitesse et accélérations, tout seul, et il y arrive parce qu'il a une volonté irréelle… Il intègre à une vitesse prodigieuse toutes les consignes et ses progrès sont spectaculaires…

Avant-dernier jour. Avec Jennifer, on coche les cases.

Le crawl ? C'est fait.

Le dos crawlé ? C'est fait.

La brasse ? C'est en bonne voie, avec les encouragements de Jennifer : « Grâce à tes nouveaux abdos, ta glisse est bien meilleure. » À suivre, donc.

La brasse papillon ? Euh… C'est de la merde. Mais Jennifer est charitable avec moi : « Le papillon, tu verras, ça ira mieux la prochaine fois, quand tu seras plus musclé des abdos et du dos. Patience, Théo, patience… »

Dès le lendemain, je me jette à l'eau et je m'obstine à faire un cinquante mètres papillon. Jennifer, dont c'est la spécialité, hallucine : « Mais, dis donc, Théo, tu as papillonné toute la nuit ou quoi ? » Presque. Toute la nuit, dans ma tête, je me suis passé et repassé tous les gestes qu'elle m'avait montrés et remontrés… Je voulais qu'elle garde de moi la meilleure impression.

On se retrouvera deux ans plus tard, en 2014, lors d'un championnat de France. Je nous revois comme si c'était hier. On discute un moment et je lui confie l'objectif que je me suis fixé : « Je veux aller aux Jeux.

— Aux Jeux de Tokyo, en 2020 ? C'est ambitieux, mais pourquoi pas ?

— Non, non, Jennifer, ceux de Rio, en 2016.

— Mais c'est impossible, Théo, c'est dans deux ans ! »

Je ne lui ai jamais dit, mais c'est elle – sans le savoir – qui m'a appris que rien n'était impossible.

*

De retour à la piscine de Lunéville, Gilles Bourquier me félicite d'avoir réussi à Vittel – en catégorie S4 – un temps qui m'ouvre la voie vers le championnat de Lorraine, à Thionville.

À son stage, il a intégré beaucoup de choses, mais il reste très ouvert à tout ce qu'on peut encore lui proposer. Il nage de plus en plus vite, et se renforce physiquement. Il m'épate, ce garçon. Je le sens capable de faire un truc à Thionville – épreuve qualificative pour les championnats de France – parce que sa motivation est sans faille. Je lui apprends à bien respirer, histoire de gagner en relâchement. En nageant moins crispé, il devrait améliorer ses temps.

Thionville.

Première compétition officielle.

Papa et Maman ont fait le déplacement. Une fois de plus, ils sont là, bien présents, sans être jamais pesants. Ils sont joyeux, ravis de partager cette aventure. Maman a son visage doux et rassurant des grands jours et Papa, lui, retrouve des gens qu'il a croisés à Vittel. Nous sommes à la veille des épreuves. Je me prépare pour un entraînement quand soudain… « Papa, Papa ! Regarde qui est là !

— Où ça ?

— Là, là, devant nous, dans les gradins. C'est Charles Rozoy. Je n'en crois pas mes yeux !

— Charles Rozoy ? Mais tu as raison, je ne l'avais pas reconnu. Tu veux qu'on lui demande de faire une photo de vous deux ensemble ?

— Oh, oui, viens, viens, je veux lui parler ! »

Et en moins de cinq secondes, j'arrête mon fauteuil devant le champion paralympique en cent mètres papillon – catégorie S8 – des Jeux de Londres 2012, et je lui lance en pleine poire : « Salut, Charles, moi, c'est Théo. Théo Curin.

— Salut, Théo. Comment vas-tu ?

— Bah, super, et toi ? »

Papa a tout le temps de faire la photo parce qu'en fait, avec Charles, on commence à taper la discute. Il me raconte comment c'était, Londres, une folie pour les handis qui, là-bas, sont les vraies vedettes des JO. Je lui pose question sur question, à Mister Butterfly, sur ce que ça fait de nager la brasse pap' avec un seul bras valide, de remporter une médaille d'or, d'entendre *La Marseillaise* sur la première marche du podium. Il ne se lasse pas de raconter, ça et le reste. Son accident de moto quatre ans auparavant, son bras gauche inerte, l'idée de se lancer dans la natation paralympique. Il a seize ans quand il va aux Jeux. Il me dit : « On peut toucher les bas-fonds, et puis connaître les sommets. C'est magnifique. Cette médaille m'a apporté un sentiment de bonheur éternel. Je serai peut-être triste, parfois, dans l'avenir, mais plus jamais malheureux. »

J'adore.

Il m'interroge sur ce qui m'est arrivé. Je résume, laconique, et je m'étends sur mon envie d'être heureux, de nager, de gagner des médailles, de participer aux Jeux paralympiques… Et puis c'est l'au revoir : « Salut. On se voit à Rio, dis-je en me dirigeant vers les vestiaires.

— J'y compte bien », me lance Charles en souriant.

Passons aux choses sérieuses. Mes trois courses en S4.

Commençons par le désastre. Une belle débâcle en deux temps. Je me vautre sur le cent mètres nage libre. Je me traîne en deux minutes et trente-deux secondes – c'est nul. Puis, je me ridiculise sur le cinquante mètres dos. Il faut un calendrier pour me chronométrer : une minute et cinquante-six secondes – c'est plus que nul.

Mais sur le cinquante mètres nage libre, attention les yeux. Avec un temps d'une minute et six secondes, je bats tous mes records de Vittel. Et d'un coup d'un seul, je me qualifie pour deux épreuves nationales à venir. Le championnat de France en individuel – rendez-vous à Amiens en 2013. Et le championnat de France des régions, qui se va dérouler d'une seconde à l'autre à Forbach.

Je croule sous les bravos.

Calmez-vous, les gars. S'agirait de rester modeste. C'est que le début du début.

Chapitre 10

Bienvenue à Forbach, en Moselle. Nous sommes en janvier 2013 et, dans trois mois, je fêterai mes treize ans. Dans cette piscine, je joue presque à domicile. C'est-à-dire à une petite centaine de kilomètres de mon lit. Notre Berlingot Citroën à peine garé, sous sa casquette de coach, Papa dissimule un demi-sourire. Qu'est-ce qu'il me cache encore, le paternel ? La surprise du chef : Philippe Croizon s'est déplacé pour m'encourager ! « T'as fait le voyage à Gibraltar ! Je pouvais bien venir jusqu'à Forbach, non ? » Philippe savoure son effet en voyant ma tête.

Une tête déjà tournée vers le bassin. Vers mon équipe. Je suis là pour défendre les couleurs de la Lorraine, avec les copains et nos coaches venus de tous nos clubs. Chaque course individuelle rapporte des points qui, une fois additionnés, nous donneront le classement général. Ma maigre contribution se résume à un cinquante mètres nage libre et à ma participation au relais huit fois cinquante mètres. À l'arrivée, la Lorraine termine quatrième sur les huit régions alignées au départ. On n'est pas ridicules. C'est déjà pas si mal.

Mais une autre surprise m'attend à Forbach – et pas des plus sexy. Deux experts de la FFH, la Fédération française de handisport natation, se chargent de m'examiner sous toutes les coutures afin d'inscrire ma classification officielle sur leurs tablettes. Leur évaluation est menée en deux temps : examen médical sur une table ; prestation dans l'eau. Dans ma lointaine mémoire, ce ne sont pas des rigolos.

Physiquement comme émotionnellement, ce passage obligé est un calvaire. Il y a cette angoisse liée au diagnostic de la commission FFH. Selon la décision finale des deux experts, tu peux te retrouver avec des chronos plus ou moins accessibles à réaliser – et face à des rivaux plus ou moins handicapés que toi. Leur jugement est humain, donc subjectif – donc, donc, donc ça fout les jetons. Et une fois qu'ils se sont prononcés, tu n'as aucun recours possible. Leur verdict t'engage pour *au moins* quatre ans – et, dans les faits, ce sera sept. Bref, quand je me retrouve allongé sur cette table, je me sens livré à deux croque-morts sortis d'un *Lucky Luke*. Allez-y, les gars. Avec leur mètre à ruban, ils mesurent mes moignons, mes os, et notent en silence. Je n'ai que douze ans trois quarts et j'ai l'impression d'être un macchabée qu'on dissèque à la morgue. Spectacle engageant.

Et je vois que mon papa, lui aussi, tire une tête de six pieds de long.

À Forbach, Théo se fait classifier par des émissaires de la FFH. Ils lui mesurent les bras, les jambes. Hauteur debout, assis... Toutes ces données sont reportées à travers un barème établi à l'avance. Les deux hommes remplissent des tas de cases dans des tas de tableaux. Répondent à leurs propres questions. Du style : « Où ce membre est-il coupé ? Que manque-t-il à partir du genou gauche ? Que manque-t-il à partir du genou droit ? » Jusque-là, ils semblent osciller entre un S3 et un S4.

Ensuite, ils suivent le protocole et font alors nager Théo. Et là, c'est le coup dur. Comme il se débrouille mieux que bien, allez hop, ils le remontent en S5. Son aisance dans l'eau a été, semble-t-il, le seul critère retenu. Théo est jugé comme si son handicap ne l'empêchait pas de nager, alors que c'est tout le travail accumulé qui donne cette impression de facilité. S'il n'avait fait que barboter dans le bassin, il serait resté en S3. Mais en montrant ce qu'il savait faire en toute honnêteté, sans malice et sans le savoir, il vient de placer la barre très, très haut.

C'est une belle arnaque, oui. Parce qu'en S5, la plupart de mes rivaux seront moins handicapés que moi. En clair, on rajoute un handicap à mon handicap. Mais, sur le coup, je ne renonce pas à les battre. Je dirais même que ça me motive encore davantage. Pour les épreuves de Forbach, on m'avait qualifié en S4. Si l'on considère mon chrono, je n'ai encore jamais réalisé les minima pour concourir en S5. Jamais. Dès lors, le problème est posé : si je ne veux pas me faire éjecter de la compétition, je vais devoir m'entraîner comme un maboul.

Amiens, les 15 et 16 février 2013. Championnats de France en individuel au Coliseum. Dès que je retrouve les copains du stage de Vittel, j'oublie mes tracasseries. Je laisse les adultes se démerder avec leurs histoires de catégories : S4 ? S5 ? Qualifié ? Pas qualifié ? À Amiens, je fais ma dernière compétition en S4, où je brille sur cinquante mètres dos – nage où je m'étais joyeusement planté à Thionville. Sans fausse modestie, je me défends plutôt pas mal avec un chrono de quarante-trois secondes et cinquante-quatre centièmes. Je termine à la troisième place, mais sans médaille parce qu'il n'y avait pas assez de participants. Fallait que ça tombe sur moi.

J'améliore mes temps sur cent mètres et cinquante mètres nage libre. C'est insuffisant pour me qualifier pour la finale du cent mètres. Quant au cinquante mètres, j'apprends à la fin de ma course que je suis disqualifié pour un faux départ. J'étais tellement dans mon truc que je ne m'en suis même pas aperçu.

Avec les parents, on reste positifs. On se dit que c'est le métier qui rentre.

L'année 2013 se poursuit avec un stage au CREPS de Talence, près de Bordeaux. De semaine en semaine, les chronos s'améliorent. Avec un premier résultat qui me comble de joie : à Vichy, fin mai, je passe – enfin – sous la minute en cinquante mètres nage libre.

Vive Théo. Vive moi.

Pendant cette compétition, Papa rencontre monsieur Robert Fassolette, qui dirige le CREPS de Vichy. Il lui fait part officiellement de ma candidature pour intégrer le sport-études à la prochaine rentrée de septembre – à savoir en classe de cinquième.

Quelques mois plus tôt, mon père a déjà formulé la même demande à la même personne. Qui lui a fait cette réponse admirable : « Vous savez, ce n'est pas parce que votre fils est handicapé et qu'il nage qu'on va nécessairement le prendre. » À demi-mot, il nous a laissé entendre qu'il ne voulait pas de moi. D'évidence, on sent qu'il ne mise pas un radis sur mon avenir. Repassez quand même nous voir, monsieur Curin. Allez, bonjour chez vous. Eh bien, nous revoilà, monsieur Fassolette. Eh oui, c'est encore nous. En principe, depuis cette rebuffade, j'ai fait quelques progrès.

On me présente alors à Fabien Maltrait, le grand manitou des bassins, qui ne sait pas encore qu'il m'aura comme élève. On nous fait visiter les installations du CREPS de Vichy. Avec Papa, nous occupons une des chambres de l'internat. Un vrai palace comparé à Talence où tout était compliqué pour les nageurs handis. Là, c'est radicalement le contraire. On dirait que l'infrastructure a été rêvée, pensée, conçue pour nous. Ascenseur, cantine, chambres PMR (personne à mobilité réduite) équipées de douches à l'italienne, WC privés à la japonaise, deux lits – de façon à pouvoir accueillir un parent. La piscine est à tomber. La salle de musculation, lumineuse. Avec un cadre verdoyant tout autour. Des vélos qui ne demandent qu'à s'échapper dans les sous-bois…

Ce n'est pas encore officiel, mais la nouvelle s'est répandue comme une traînée de poudre : je suis *pris* ! Faites passer. Je suis *pris* ! Et aussitôt, j'ai le cœur qui se déchire. Le cœur en morceaux. La perspective d'être séparé de Maman à la rentrée scolaire est terrible. Alors, j'évite de trop y penser. Pareil pour les Dumirin. Je me dis qu'on aura toutes les vacances scolaires pour faire nos conneries ou aller à la pêche. Quant à ma sœur, elle est sur le point de quitter la maison, elle aussi.

Quand je suis enfin *officiellement* sélectionné, Papa appelle tout le monde, tous ceux qui nous ont aidés à en arriver là. Parmi les interlocuteurs, Thierry Masson, qui assure ne pas avoir usé de son influence pour me faire entrer dans la filière fédérale, la voie royale pour tous ceux qui rêvent de championnat d'Europe, de championnat du monde, de Jeux paralympiques…

Thierry Masson est formel.

Je ne suis jamais intervenu. Tout le mérite revient au système de détection de la Fédération qui a fonctionné pour que l'info parvienne au DTN [directeur technique national], Jean-Michel Westelynck. Et si Théo est retenu parmi les espoirs du Pôle France, c'est grâce à son potentiel. Ce sont ses chronos qui parlent. C'est l'un des nageurs les plus impressionnants que j'ai vus dans ma carrière en termes de motivation, de passion, de volonté.

Dans les stages, il s'est imposé très tôt comme leader. Après deux entraînements quotidiens, plus la musculation, la plupart des nageurs sont à ramasser à la petite cuillère. Mais c'est là que Théo, lui, sort son cartable, fait ses devoirs, maîtrise stylos, crayons, règles et calculatrice comme s'il avait ses deux mains.

Je ne l'ai pas revu depuis 2017 mais, un jour, je suis tombé sur des images sous-marines de Théo à l'entraînement dans une piscine. Je ne saurais expliquer ce que j'ai ressenti. C'était fou. Vu du dessous, on avait l'impression qu'il nageait avec ses quatre membres. De la magie pure.

*

Rehainviller.

Le salon familial.

Ultimes heures de l'été 2013.

Allongé sur le canapé, je fais chauffer la télécommande de la télé. Les allées et venues de ma mère m'empêchent de me concentrer sur un programme. Entre la cuisine, où elle surveille les quiches préparées pour la petite fête donnée en mon honneur à l'occasion de mon départ, et ma chambre, où elle procède à l'inventaire des affaires que je glisserai dans ma valise, elle semble préoccupée. Je sais qu'elle s'inquiète pour moi et qu'on va tous les deux bien déguster au moment de se séparer. Mais j'ai fait le choix de quitter ma famille pour progresser en paranatation, conscient de ce dont je vais être privé. La décision a été prise au sein de la famille. Inutile de revenir en arrière. Papa est à fond pour. Au fond d'elle-même, Maman, elle aussi, approuve ma démarche. Elle est toujours la première à croire en mes rêves, mais elle pense que c'est trop tôt. Elle redoute que son fiston ne soit pas assez mûr. Pas assez autonome. « Maman ?

— Oui ?

— Tu peux me donner un verre d'eau, s'il te plaît ?

— Débrouille-toi, mon Théo… »

Message bien reçu.

*

Rentrée des classes au collège de Bellerive-sur-Allier, à côté de Vichy.

Élève de cinquième, je suis invité par le professeur principal à remplir un questionnaire : nom, prénom, date et lieu de naissance... Le métier que je veux exercer plus tard ? De ma plus belle écriture, j'inscris : « Champion ».

Premier jour d'entraînement avec Fabien Maltrait – le *big boss*. Je sais qu'il n'a pas l'air facile mais que c'est un super entraîneur. Nous sommes onze nageurs admis au Pôle France, dont votre serviteur qui est le plus jeune. L'objet de la séance consiste à faire les présentations et enchaîner quelques longueurs en toute décontraction. Il y a des grands mecs au top de leur progression, avec une musculature de dingue. Des filles fines et rapides comme des anguilles. Des coaches sont présents et échangent entre eux leurs impressions sur les nouvelles recrues.

Fabien nous explique que contrairement aux années précédentes, il n'y aura pas de « semaine d'essai ». C'est direct dans le grand bain. J'ai hâte de lui montrer ce que je sais faire. Je me demande pourquoi il se gratte la tête en me regardant d'un air méditatif, mais j'accueille son sourire comme un signe de bienvenue.

J'ai vu Théo pour la première fois aux championnats de France jeunes, au printemps 2013. Je ne savais pas encore qu'il serait admis au Pôle France mais il m'avait fait assez bonne impression. Et puis là, quand je l'observe en maillot de bain au bord du bassin, impatient d'en découdre, je lui souris, mais je me gratte la tête – je suis perplexe. Cette fois-ci, son handicap, je suis bien obligé de le considérer sous un angle objectif. Quand on voit un nageur pour la première fois, on fait un « état des lieux ». Avec Théo, c'est vite fait. On peut prendre le problème par où on veut, il lui manque deux avant-bras et deux jambes, et moi, je n'ai jamais été confronté à un tel cas. Ma réflexion personnelle, empreinte de doute, est simple : « Comment je vais m'y prendre techniquement ? » J'ai peur d'atteindre rapidement une limite par manque de possibilités. Mais je m'efforce de ne rien montrer. Rien de pire pour un nageur que de pressentir les doutes de son entraîneur. Il en éprouve fatalement un surcroît d'anxiété. Donc, s'abstenir de tout jugement hâtif et chercher à le faire progresser, par tous les moyens – ce que je ferai d'ailleurs sans relâche, jusqu'au bout. Mais honnêtement, quand je vois Théo débarquer dans le groupe, je suis ultrasceptique sur ses chances à l'international. Il va falloir tout reprendre, affiner, parfaire…

Premier dîner à la cantine. Première soirée dans ma chambre, seul, au CREPS. Mes parents m'ont acheté un portable. Ils sont bien rentrés à Rehainviller et on se parle un long moment au téléphone. Ce sera notre rituel. Une conversation tous les soirs pour raconter ma journée et un SMS de Papa le matin, à 6 heures, pour me réveiller – et vérifier que tout va bien. On ne s'avoue pas notre tristesse. On se la confessera plus tard, quand tout ira mieux.

Maman m'explique qu'elle a obtenu de la MDPH [1] une prestation permettant de financer la présence d'un « aidant », qui va m'assister du matin au soir, dans toutes les situations où mon handicap pose un problème. Je suis à peu près autonome, certes, mais c'est sûr qu'il me faut beaucoup de temps pour me laver, me sécher, m'habiller, me changer, me chausser, m'occuper de mes prothèses. Être handicapé, c'est vraiment un boulot à plein temps.

Pour les repas, j'ai parfois besoin d'aide. Je peux me tacher et avoir à me changer. Par ailleurs, j'ai inventé trucs et astuces pour pouvoir manger seul mais à cette époque, je n'ai pas encore trouvé le coup de la roulette à pizza pour couper la viande. J'ai horreur de demander mais là, je suis bien obligé de le faire. La perspective d'avoir un aidant à mes côtés me rassure, car même avec le soutien ponctuel de jeunes du CREPS chargés de me donner un coup de main, je suis quand même à la ramasse pour suivre le rythme des autres.

Côté études, d'entrée, j'ai la chance d'avoir une AVS (auxiliaire de vie scolaire) pour faciliter mon quotidien au collège. Elle s'appelle Élodie Rigolet.

---

1. Maison départementale des personnes handicapées.

Nous passerons deux années ensemble – comment l'oublier ?

Et quelques jours plus tard, un jeune homme se présente à moi. Nathan Gourdin, vingt-cinq ans, mon aidant. Un nouveau venu au CREPS, en qualité de maître d'internat, quatre nuits par semaine. Son salaire est insuffisant, c'est pourquoi il recherche un deuxième job compatible avec le premier. Comme aidant, si possible. Il ne l'a jamais fait, mais il a senti naître en lui cette vocation. Ses journées sont inoccupées et il a entendu parler d'une jeune recrue de treize ans, sans bras ni jambes. Partenaire idéal quand on a envie de se rendre utile. Je ne le sais pas encore – et lui non plus – mais on va devenir amis pour la vie. Comme mes « frères » de Rehainviller.

Le premier week-end, Nathan fait la connaissance de mes parents qui sont venus me rendre visite. Par la suite, ils alterneront un week-end sur deux : Papa, puis Maman, puis Papa, puis Maman, et ainsi de suite – au moins jusqu'aux vacances de Noël. Comme mon père travaille à la SNCF, un trajet en train ne nous coûte pas trop cher : 1,50 euro. Mais depuis Rehainviller, c'est un casse-tête pour rallier Vichy. Il faut d'abord aller à Nancy. Changer de gare à Paris. Et ensuite, avoir des parents qui vous aiment.

Nathan et moi accordons nos violons pour fonctionner en binôme. Chaque matin, dix minutes après le SMS de 6 heures, entrée en scène de Nathan dans ma chambre. Il m'aide à fixer mes prothèses, enfiler mon jean et mes chaussures. C'est lui qui m'accompagne à la piscine pour l'entraînement de 7 heures à 9 heures. Tel un sherpa, il lui arrive parfois de me porter sur son dos jusqu'au bassin. Et sur place, il m'aide à mettre mon maillot de bain, à retirer mes prothèses et à les protéger autant que possible de l'humidité. Quand Nathan se donne, c'est peu de le dire, il se donne vraiment à fond.

Prendre Théo en charge, pour moi, ça tombe à pic. Mon contrat initial, c'est six heures par jour à ses côtés, mais je décide de ne pas compter mes heures. L'idée qu'il soit livré à lui-même m'insupporte. Je ne l'ai jamais considéré comme un handicapé – plutôt comme un proche, bras ou pas, jambes ou pas.

Le week-end, ses parents lui rendent visite, mais s'il reste seul au CREPS, je viens le voir sur mon temps libre. Souvent, ils sont quatre ou cinq à rester à l'internat. Je les emmène faire un minigolf, ou alors j'organise un petit atelier cuisine – le plus souvent, des crêpes – et le soir, on regarde des conneries à la télé, avant l'extinction des feux. Ma fonction m'oblige à conserver une certaine distance, mais il est clair qu'à force de partager des trucs ensemble, on devient potes. Durant la première année, vu que je ne fais pas partie du Pôle France, je ne suis pas censé suivre Théo dans les compétitions. Mais j'y vais quand même sur mes propres deniers. Lors de son premier championnat de France (avec des nations étrangères invitées) qui se déroule à Aix-en-Provence à la fin du mois de mars 2014, je réserve une chambre dans une auberge de jeunesse, je prends ma voiture et j'arrive juste à l'heure au bord du bassin pour lui tendre son bonnet et ses lunettes.

Théo sauve le relais français in extremis *sous les applaudissements de tous les spectateurs : un moment inoubliable. C'est là, d'ailleurs, qu'il obtient ses deux premières médailles nationales… Je suis également présent en Écosse, aux championnats du monde, la même année. Je mets ma voiture sur le ferry, puis direction Londres et je remonte jusqu'à Glasgow. Cette fois-ci, hélas, je reste cantonné aux gradins avec le public. Mais je retrouve notre Théo à l'issue de la compétition.*

En résumé, je n'aurais jamais passé autant de temps avec lui si je ne m'étais pas autant amusé en sa compagnie.

Dès mon arrivée à Vichy, j'ai trouvé mes marques.

Entre les entraînements à répétition, matin et soir, et les récréations avec les copains et les copines, tout va bien pour moi. Le soir, devoirs faits, dîner avalé et coup de fil passé à mes parents, je prépare mes affaires pour le lendemain. Je me brosse les dents. Je m'assois sur mon lit. Je vais pour éteindre les lumières, et là… et là… je ne peux m'empêcher de verser toutes les larmes de mon corps.

Loin, si loin de ma famille, je ne me suis jamais senti aussi seul de ma vie.

Chapitre 11

Pleurer la nuit.

En ces heures vichyssoises de solitude absolue, je crains de m'être trompé d'histoire. J'en viendrais presque à regretter ma décision : « Mais qu'est-ce qui t'a pris, Théo ? Mais qu'est-ce que tu fous là ? »

Ce qui me manque ? La routine d'une vie normale. Rentrer chez soi après l'école. Raconter sa journée à ses parents. Dîner avec eux. Regarder un truc à la noix à la télé. Voir ses potes.

Chaque soir, je me répète : « Demain, t'en parles à Maman. Demain, t'en parles à Papa. » Évidemment, j'en parle à personne et je renonce à me confier. Pas même à Nathan. Tant que je tiens le coup, je la boucle. D'un autre côté, je constate que je progresse, et donc, je m'éclate. Et puis bon, j'ai fait un choix, il faut que je l'assume jusqu'au bout. Je dois prouver à mes parents que j'avais raison. Tout plutôt que de les décevoir.

Au fil du temps, j'essaie – non sans mal – de retrouver ma sérénité légendaire. Et je constate que la seule chose qui m'apaise vraiment, c'est la musique. Oui, ce sont les chansons. Alors, j'installe la petite enceinte que les parents m'ont offerte et j'écoute de tout : le groupe AC/DC, qu'on est allés voir au Stade de France avec Papa – grand fan de hard rock. Je mets également le paquet sur Céline Dion, Calogero, la pop, le rap… J'adore aussi Jacques Brel car avec lui, j'aime me mettre dans le *dark*, mais là non, c'est un peu trop *dark* et j'évite de descendre mon moral jusqu'au fin fond de la cave. À la place, j'envoie Sexion d'Assaut avec, en boucle, *Ma direction*. Je pianote sur mon portable, je regarde des vidéos sur YouTube, je commence à échanger un peu sur Facebook. Je découvre le monde merveilleux d'Instagram. Je me promène d'un univers à l'autre. Dans mes balades nocturnes, je croise une foule d'inconnus qui font des trucs incroyables. Et puis voilà, je m'endors.

Et ainsi, le matin, dès 6 heures, je me lève comme un ressort. SMS de Papa. Arrivée de Nathan. Direction le bassin où ça chambre d'entrée, ça rigole et plouf ! C'est parti pour deux heures intenses. Je suis dans mon élément. Moi l'ancien phobique, dans l'eau je me sens à ma vraie place. Il était grand temps.

Fabien supervise plusieurs coaches. Parfois, je comprends que ça discute sec sur mon cas. Il y a débat. J'ai bien l'impression qu'ils remettent en question tout ce que j'ai appris. Qu'ils mettent toutes les pièces à plat comme on démonte un moteur pour le remonter. Ça m'inquiète, mais je respecte les consignes.

Les deux premières années, je ne m'occupe pas de Théo à plein temps, mais c'est moi qui prends la décision de repartir de zéro. De lui apprendre un nouveau schéma de construction pour chaque nage. Et comme il bosse à fond, sans jamais rechigner, finalement on arrive non seulement à le remettre assez vite à niveau, mais avec une marge certaine de progression. Pourtant le doute subsiste. Sur le papillon, par exemple. Combien de fois mes collègues m'ont-ils dit : « Bon, Théo, le papillon on n'y croyait pas et puis finalement, il ne se débrouille pas si mal… Mais maintenant qu'est-ce que tu vas pouvoir inventer de plus ? C'est quoi, ta marge de manœuvre ? » Grattage de tête, forcément.

Là-dessus, j'ai mon idée : ne plus compter sur des progrès spectaculaires, mais actionner de petits leviers et travailler sur de petits détails. Se montrer patient. Lui prévoir un programme de musculation qui tienne compte de sa morphologie et de ses techniques de nage. Notre chance, c'est d'avoir entre les mains un gamin au mental hors normes. S'il se lève tous les jours à 6 heures du matin pour s'entraîner comme un taré, ce n'est pas pour finir cinquième des championnats de je ne sais où. Ce gamin-là, il veut tout gagner. S'imposer au plus haut niveau. C'est un winner *dans l'âme. La victoire ou rien. Et c'est à nous d'être à la hauteur.*

*

Cette année 2013, compliquée, contrastée, considérable en termes de bouleversements, de stress accumulés, va se terminer sur une note si cocasse que longtemps je me suis demandé si je n'avais pas rêvé. J'ai pourtant bien eu droit à un conte de Noël d'un genre très particulier. Le 27 novembre, à Vichy, nous recevons la visite de Valérie Trierweiler. La compagne du président Hollande me souhaite plein de belles choses, avec la sincérité, la complicité des personnes qui sont – ou qui ont été – confrontées à la réalité du handicap. Avec émotion, elle me raconte alors l'histoire de son père, qui est mort très jeune. On l'avait amputé d'une jambe à l'âge de douze ans et, toute sa courte vie, il en aura plus que souffert.

Elle me quitte sur une invitation de sa part à me rendre à l'Élysée, à Noël, pour rencontrer notre chef d'État. Carrément. Moi, je suis prêt à m'y rendre à plat ventre. Cette fête de l'arbre de Noël se présente et je m'accole à un petit groupe d'ados triés sur le volet. On nous réunit dans un salon. Ambiance décontractée. Pour seule consigne, on doit respecter le protocole. À savoir nous aligner en rang d'oignons – une fille, un garçon – et attendre que le président nous salue l'un après l'autre. Bises pour les filles. Poignée de main pour les garçons.

Garde-à-vous.

Mesdames et messieurs, le président de la République française.

Commence alors le ballet des serrages de pince et des bises claquées.

Et puis le voilà, planté devant moi, souriant, à l'aise, facile. Moi, je lui tends ce que j'ai à ma disposition – un moignon. Et là, il le serre comme si c'était une pomme de terre bouillie. Une pellicule de sueur envahit alors son front. Une fraction de seconde, il semble gêné. Il ne sait pas trop quoi faire pour manifester sa compassion. Son cerveau réagit et il décide d'aller au plus simple : me claquer la bise – comme à une fille. Il se penche vers ma joue, et moi, à la même seconde, va savoir pourquoi, je me penche vers la sienne. Résultat : je sens les lèvres de François Hollande sur les miennes… Je me dis : « Théo, t'es en train de rouler une pelle au président de la République. » Je reste planté, le visage fermé, le regard fixe, tel un brave petit soldat. Et comme si de rien n'était, le chef des armées, lui, continue sa revue de détail.

Ces gens-là sont des phénomènes.

*

Depuis quelques semaines, je retrouve ma légèreté. L'angoisse du premier mois s'est estompée et semble même s'être évaporée.

Pour preuve, ma première « soirée mousse » avec les cyclistes – tous valides. Ils sont au même étage que nous, avec les rameurs – des valides, eux aussi. Des déconneurs dans l'âme. Comme nous autres. Chez eux, il y a seulement une fille. En paranatation, il y a à peu près autant de filles que de garçons. Un soir, on s'aperçoit que nous sommes sans surveillance. Oubliés, en quelque sorte. C'est une erreur de planning, forcément. Mais une aubaine. Une chose inespérée. Pareille occasion ne se représentera pas… On va chercher tout le savon liquide dont on dispose à l'étage, on remplit des poubelles d'eau et de savon, on les balance à la volée et on fait des glissades d'un bout à l'autre du couloir. Immense, le couloir. Aussi long, aussi large que la ligne droite d'un hippodrome. On se double, on se percute, on piaille. Notre délire va durer une bonne demi-heure d'excitation pure, jusqu'à ce que Djamila, maîtresse d'internat, attirée par nos rires et nos cris, arrive en hurlant plus fort que nous. Quand elle constate le désastre, elle voit rouge. De la mousse. Il y en a partout sur les murs. Il y en a jusqu'aux plafonds. Elle maudit, elle menace, elle évoque l'exclusion temporaire. Avec Chloé, une copine de la natation, on se rebelle, on lui répond, on crie à l'injustice. Et ça ne manque pas : nous serons les deux seuls punis. « Chloé, Théo, vous allez me nettoyer tout ça, et je veux que ce soit nickel. Les autres, vous filez vous coucher ! »

Je peux vous dire que face à Djamila, on ne fait pas les malins. On ferme – enfin – nos grandes gueules. On rassemble toutes les serpillières, toutes les serviettes de l'internat. Et on s'y colle.

Deux « soirées mousse » en une seule. La première et la dernière.

*

Nous voilà au printemps 2014, à Aix-en-Provence. J'aurai bientôt quatorze ans et je participe à mon premier championnat de France en tant qu'élève du sport-études de Vichy. Ces épreuves sont curieusement ouvertes à quelques nations étrangères. La descente du car, la douce chaleur des premiers rayons, un parfum de fleurs et d'orangers… Dans ma tête, je gambade. Je suis assuré de rester au CREPS jusqu'à la fin de l'année scolaire. Je me sens libéré.

Dans cette piscine couverte, la première épreuve tourne à la débâcle : je participe aux séries du deux cents mètres quatre nages et du cent mètres nage libre, et je finis à la dérive. Ne pas baisser les bras. Je me reconcentre sur le cinquante mètres dos et là, bingo, je décroche la médaille d'or ! C'est mon premier titre, avec un super chrono de quarante-huit secondes et quatre-vingt-quatorze centièmes. Là-dessus, j'enchaîne sur un relais quatre fois cinquante mètres nage libre. Je suis le dernier relayeur à partir, alors que mon homologue russe a presque un demi-bassin d'avance sur moi. Porté par les cris et les « allez, Théo ! » qui résonnent sous le dôme, je grignote peu à peu le Russe et j'arrache la victoire d'un nez. Je jubile. J'adore être le sauveur de mon équipe. C'est une question de panache.

Dans la foulée, de Valence où se déroulent les championnats de France des moins de vingt ans, je rapporte deux médailles d'or en cinquante mètres et deux cents mètres nage libre. Et deux médailles d'argent en deux cents mètres quatre nages et cinquante mètres dos. Bref, les sentiers de la gloire.

Du jour au lendemain, me voici métamorphosé en petite vedette. Prochain rendez-vous : les championnats de France (élite) N1 et N2 qui se déroulent à la piscine de Nancy-Gentilly. En clair, je suis le régional de l'étape, et le comité organisateur a choisi une photo de moi pour illustrer l'affiche de l'édition 2014. Ne riez pas : elle est placardée chez *tous* les commerçants de la ville !

C'est un grand honneur qui m'est fait, mais je suis surtout excité à l'idée de me produire devant toute ma famille, mes parents, Papy Michel, mon parrain Alain, Tonton Momo, ma tante Christine, tous les amis, Axel et Alex en tête, les copains du CREPS, les membres de Lunéville handisport et tant d'autres. Dans les gradins, Laure Noisette, mon infirmière, mon écureuil des premiers jours, est venue m'encourager avec son fils Paulin. Elle sait d'où je reviens, elle.

À Nancy, je suis presque à la hauteur. Presque. L'or m'échappe, certes, mais je ratisse quand même trois médailles d'argent en cinquante mètres dos, deux cents mètres quatre nages et deux cents mètres nage libre... Nous avons fêté cela comme il se doit et puis je suis reparti vers d'autres villes, d'autres bassins, d'autres séances d'entraînement.

Déterminante est l'année de mes quinze ans. Dans les meetings internationaux, je commence à me faire remarquer. Il était temps, direz-vous. À Berlin, invité en équipe de France, je participe à sept courses étalées sur quatre jours de compétition. J'améliore tous mes temps et je reviens d'Allemagne avec un panier rempli de médailles : trois en or, six en argent, deux en bronze.

Rentré de Berlin à Rehainviller, à 4 heures du matin, ce 20 avril 2015, mon cadeau d'anniversaire me sera livré par téléphone quelques heures plus tard : « Monsieur Curin ? Vous êtes qualifié pour les championnats du monde qui se tiendront à Glasgow, à la mi-juillet 2015... Allô... ? Vous m'entendez, Théo ? »

*

C'est énorme, c'est que de la joie, et ça se partage. Nous décidons d'aller tous au karting, à Nancy : Papa, les Duval, les Millet... Du karting, j'en ai déjà fait à Vichy, avec les copains. Je me débrouille très bien. Tout à fait normalement. Je suis le premier à oublier que je suis handicapé.

Donc, on arrive à la caisse du karting de Nancy. Il y a toujours une atmosphère un peu spéciale sur ces circuits. D'abord, le bruit des moteurs, l'odeur de l'essence, le crissement des pneus sur le bitume. Tu vibres sur les accélérations, les freinages, les reprises, les virages en épingle à cheveux. Quand vient mon tour de payer mon ticket, le mec à l'entrée me cueille au foie : « Nous n'acceptons pas les handicapés, ici. » Ça fait très mal au ventre, ça. En un éclair, tu passes d'une béatitude totale et lumineuse à l'état de damné de la terre.

C'est un jeune au regard buté, l'air content de lui. J'essaie de le raisonner. « Ne vous fiez pas aux apparences. Je sais piloter, monsieur. J'en ai fait souvent à Vichy, où j'habite. Ne vous inquiétez pas, ça va bien se passer.

— On n'accepte pas les handicapés, je te dis. Allez, dégage, laisse passer les gens qui sont derrière toi. »

Je suis écœuré, humilié, fou de rage.

Cette expulsion, ce rejet devant les miens... Se faire jeter comme ça, se faire balancer comme une merde, c'est vraiment insupportable. D'ailleurs, tous les copains renoncent. Ils n'iront pas sans moi. Pour eux, la question ne se pose même pas.

Dans ce hall de karting pourri, assis sur un plot de béton, je vois mon père. Mon père en larmes... Je l'engueule : « Non, non et non ! Pas toi ! Tu ne vas pas pleurer à cause de ces connards ! »

On décide de rentrer. À la maison, on raconte notre mésaventure à Maman. Et puis voilà, ça passe, je vais me coucher. Mais je prends mon téléphone, me connecte à Facebook et raconte ma mésaventure. Je tape à toute vitesse, je poste les photos que j'ai prises et je m'endors, soulagé d'avoir pu évacuer ma colère.

Au réveil, je constate que mon portable est chaud comme la braise. Je le rallume : cent mille partages… trois cent mille *like*… Des demandes de reportages pour dénoncer l'exclusion des personnes en situation de handicap… Oh là là, tout ça part en torche.

Beaucoup d'empathie envers moi, mais des messages d'une rare violence à l'égard du zozo qui m'a refoulé. Des gars veulent venir tout péter au karting, mettre le feu, pendre le mec…

Et c'est à ce moment-là que la police entre en piste : « Monsieur Curin ? On sait ce qu'il s'est passé hier et nous n'avons absolument rien à vous reprocher. Mais le directeur du karting vient de nous appeler : il reçoit des menaces de mort… »

La folle puissance des réseaux sociaux.

Le policier m'invite à retirer mon message et à téléphoner au directeur. Je tombe sur un homme touché, désolé, accablé : « La personne qui vous a interdit l'accès au karting est un môme sans expérience, il a commis une véritable maladresse et, sincèrement, veuillez nous excuser… S'il vous plaît, auriez-vous la gentillesse de revenir ici afin qu'on puisse jouer la carte de l'apaisement ? Je comprends votre colère, vraiment, mais là, c'est la sécurité qui doit prévaloir. Vous ne croyez pas ? »

Quand j'arrive sur place avec Jocelyn, le papa d'Axel, il y a déjà trente gars prêts à démonter le karting. À la hâte, je rencontre le directeur à l'intérieur de son établissement. Sourires, photos, excuses, retour au calme…

Honnêtement, sur les photos, je ne suis pas très à l'aise. Mon sourire est crispé. Mais si je peux éviter que la haine et la fureur embrasent le quartier…

Souris, Théo, souris.

Chapitre 12

J'ai quinze ans et des prunes.

Côté bassin, juillet aura été un mois gris, nuageux, orageux : pour mes premiers championnats du monde, à Glasgow, je finis quatrième au cent mètres nage libre. C'est la médaille en chocolat, la fameuse. Pour me consoler, le DTN, Jean-Michel Westelynck, déclare à qui veut : « Il a appliqué à la lettre les consignes et il est entré pleinement dans la cour des grands. » Mouais – si on veut. Quatrième. La place du couillon. Parlons d'autre chose.

Devant moi se profilent « l'année du brevet » et ma dernière saison au collège Jean-Rostand à Bellerive-sur-Allier. Vivement le lycée ! En ce matin d'octobre 2015, je suis curieux de faire la connaissance de mon nouvel accompagnant d'élève en situation de handicap, mon AESH. Et de lui, de cet AESH qui consacrera cinq ans de sa vie à me soutenir, à m'encourager, à m'engueuler, à m'inviter à déjeuner chez ses parents, je ne sais encore que le nom : monsieur Païs. Il remplace Élodie Rigolet. À la colonne des amis pour la vie, comme Nathan, il va inscrire son prénom. Mickaël.

Premières minutes. Premiers échanges. Première impression – et ce sera la bonne. Comme avec Nathan, je sais déjà que ça va se passer à merveille. D'abord, le mec est là de son plein gré, ouvert, bienveillant. De plus, à l'évidence, il a assez d'autorité pour me recadrer quand le besoin s'en fera sentir. Toutes ces belles journées où les études m'emmerdent. Toutes ces heures où des problèmes de cœur, de nage ou de je ne sais quoi mobilisent mon attention, mon temps, mon énergie. Tous ces instants de fatigue, aussi, qui mettent mon cerveau sur pause. Avec moi, les opportunités de fuite ne manquent pas. Pour parvenir à mes objectifs, je peux me donner un mal de chien, mais j'ai également un côté tire-au-flanc, grand rêveur, grosse feignasse que j'essaie à peine de dissimuler. Mes notes sont correctes, certes, mais je fais partie de cette catégorie d'élèves labellisés « peut mieux faire » ou encore « attention à ne pas se relâcher au deuxième trimestre ». Vous voyez le style ? Mickaël le voit parfaitement. Il trouvera toutes les parades.

Théo a des capacités intellectuelles très élevées, une facilité d'adaptation énorme, une maturité étonnante pour son âge. Il est fort en histoire-géographie et fort en maths. L'anglais n'est pas sa tasse de thé, mais il fait des efforts pour maintenir un niveau « moyen-bon ». Dès la seconde, au lycée Albert-Londres, il passera chez les « moyen-bof », mais compensera par de gros progrès en biologie. La littérature classique ne le passionne pas, mais je souhaite qu'il lise, peu importe quoi, alors je lui passe des « livres-magazines » de SF, des DC Comics ou des Marvel. Ça lui convient.

D'entrée, je constate qu'il aborde le brevet exactement comme un défi sportif, comme une finale où il ne faut pas se louper. Pour lui, en natation, 2016 s'apparente à une année charnière avec les championnats d'Europe à Funchal, au Portugal, et une possible qualification pour les Jeux de Rio de Janeiro. Mais nous nous promettons qu'il obtiendra son brevet.

Pas évident de lui maintenir la tête hors de l'eau de bout en bout car Théo doit faire face à énormément d'enjeux, de sollicitations. Question motivation scolaire, il a des hauts, il a des bas, mais tout le monde se mobilise : Nathan qui l'aide à faire ses devoirs à l'internat, ses parents, ses profs, ses surveillants, ses copains et moi-même… Le jour du brevet, nous nous présentons aux épreuves ensemble, tous les deux vêtus d'un tee-shirt à l'effigie de Superman…

Juin 2016. Les arbres sont en fleur et j'obtiens mon brevet. Un grand bravo et un immense merci à Mickaël qui m'aura mené jusque-là alors que, depuis des semaines et des mois, tout mon être se tend vers la nage. Un mois plus tôt, je suis médaillé d'argent (!) aux championnats d'Europe, à Funchal, au Portugal, sur deux cents mètres nage libre. C'est ma première vraie grande médaille. Vice-champion d'Europe ! Ça sonne plutôt pas mal. C'est franchement valorisant de voir son nom ainsi affiché sur le tableau. Mais mon naturel reprend vite le dessus : après coup, je suis furieux de ne pas avoir décroché l'or. Comme d'habitude, je vis très, très mal la défaite. Je déteste perdre. Nathan Gourdin, mon aidant, mon double, ne dira pas le contraire.

Rares sont les moments où il y a des tensions entre nous, et quand cela se produit, c'est avant ou après une compétition. Avant, c'est le stress qui monte. Des choses banales peuvent l'irriter et alors il fait preuve d'un minimum de patience. Quand je sens qu'il monte dans les tours, je prends du recul, je fais le roseau. Pareil après un échec. Pendant au moins dix minutes, il ne faut pas lui parler. Il a besoin de rester seul pour encaisser. Puis il évacue et il redevient normal – souriant, gentil, les yeux à nouveau malicieux... La seule fois où je l'ai vu pleurer – il était encore jeune – c'est quand on lui a accroché la médaille d'or dans un championnat ; après vérification, une erreur dans les calculs avait été commise et un officiel lui a demandé d'aller rendre lui-même la médaille d'or au vainqueur déclaré, un gars que Théo n'appréciait pas trop. C'était beaucoup lui demander. Tant d'émotions contradictoires en si peu de temps !

Là, je l'ai vu pleurer de rage, sans se cacher. Je sais qu'il a pleuré à Rio mais je n'étais pas présent.

Rio. La baie. Le Corcovado. Le Pain de Sucre. Les *favelas*. La bossa nova. Antônio Carlos Jobim, Vinícius de Moraes et leur *Garota de Ipanema*. La Carioca. Rio de Janeiro. C'est la destination des futurs Jeux olympiques. Si je révise mon Rio, ce n'est pas par hasard. Car ma médaille d'argent en poche, je réalise les minima à l'issue du championnat de France des moins de vingt ans et j'obtiens ma sélection pour les Jeux. Ainsi, me voilà le plus jeune membre de l'équipe de France paralympique. Ainsi, Rio rime avec Théo.

Sous l'œil sans concession de Fabien Maltrait, je m'entraîne avec persévérance dans toutes les nages. Mon corps se développe et – c'est nouveau pour moi – se met à dégager une réelle puissance au niveau des épaules. Peu à peu s'installe en moi une confiance qui devrait m'aider – en principe – à gérer le stress. Je commence à me répéter en boucle : « Si tu ne déconnes pas, Théo, si tu appliques les consignes, si tu restes concentré, tu as le potentiel pour faire quelque chose. » Une place sur le podium ? Pourquoi pas ? Il serait faux de dire que je n'y pense pas. Mais il y a une inconnue de taille, un sacré point d'interrogation, un élément majeur qui m'échappe : l'expérience.

Fabien et moi, nous devenons inséparables. Il me fait bosser comme un cinglé. Matin, midi et soir. Pas de vacances. Pas de répit. À Vichy comme à Lunéville, où mon entraîneur va jusqu'à prendre une partie de ses quartiers d'été…

Une complicité comme la nôtre ne se développe pas en cinq minutes. Il a fallu au moins deux ans pour que s'installe un rapport entraîneur/entraîné qui intègre le facteur humain et devienne unique. Une relation rare qui n'aurait pas été possible sans l'aval de Stéphanie, la maman de Théo. Elle a lutté avec un sacré courage contre la tendance naturelle des mamans d'enfants handis à surprotéger leur progéniture. Elle a laissé vivre à Théo des « aventures » avec le groupe et moi, et c'est ce qui nous a soudés. Mais quand elle nous voyait préparer une sortie vélo, Théo tout frétillant sur son handbike, elle nous regardait, front plissé, en faisant les gros yeux, rongée par l'inquiétude, prête à retenir Théo par la manche.

Nous prenions alors le temps d'en discuter. Je lui parlais du profit que tirait Théo d'expériences hors des sentiers battus. « C'est ainsi qu'il grandit, qu'il s'épanouit. » Elle n'en était pas moins inquiète, mais elle donnait son accord pour le bien de son fils. Ce rapport de confiance entre l'ado en demande de sensations fortes, ses parents et la structure du CREPS de Vichy, à mon avis, sera à la base de la réussite de Théo dans sa vie…

Le handbike, c'est un sport en soi, un dérivé du cyclisme, qui se décline sous plusieurs formes, selon le degré de handicap de la personne qui utilise l'engin. Vous avez même des valides qui font du handbike. C'est une activité très physique, qui mobilise la partie supérieure du corps puisqu'on pédale avec les bras…

La propulsion simultanée des bras, épaules, torse et abdominaux crée vitesse et puissance, mais dans sa version tout-terrain elle exige un effort plus important que dans la version loisirs. Pédaler avec les bras, c'est marrant au début, mais dans les derniers kilomètres d'un parcours vallonné, là, t'appelles ta mère et tu donnerais cher pour rester dans la roue des autres – et être aspiré par eux.

Un peu (beaucoup) contre l'avis de Maman, la fois où j'ai fait à Vichy ma sortie historique en handbike, j'ai été à deux doigts qu'on me ramène dans la voiture-balai, celle qui ramasse les coureurs moribonds, les cadavres ambulants des étapes de montagne sur les bas-côtés du Tour de France. Ce jour-là, il me reste juste assez d'énergie pour rentrer presque dignement au CREPS quand, sur le retour, Fabien se trompe de chemin. Nous avons fini sur du plat, d'accord, mais en empruntant une voie fraîchement goudronnée. Quand on a posé les vélos à terre, je me suis aperçu que j'étais entièrement recouvert de minuscules particules de goudron liquide, qui s'étaient incrustées dans le tissu de mon tee-shirt offert par Maman. Alors j'ai hurlé : « Mais ma mère, elle vient me voir ce week-end, elle va me tuer si elle voit ça ! » Je me suis précipité dans ma chambre pour cacher sous le lit le maillot martyrisé. À peine arrivée, elle l'avait déniché. Maman a un flair, un talent, un don naturel pour détecter toutes mes conneries.

Certaines lui ont pourtant échappé. Celle-ci, par exemple.

Une fin d'après-midi, je revois le Fabien, qui nous propose d'aller pêcher sur un lac, histoire de nous éloigner de notre rectangle bleu et de nous changer un tantinet les idées. L'amour de la pêche, on a ça en commun. Donc il m'installe dans le canot, se retourne pour aller chercher les cannes ou je ne sais quoi, et hop, un coup de vent qui souffle, et moi, brave moussaillon, me voici parti à la dérive, au soleil couchant, jusqu'au beau milieu du lac. Par miracle, le bateau finit par s'immobiliser. Je me mets à gueuler : « Hé, ho, Fabien ! Je fais quoi, moi, maintenant ? » Son silence m'indique qu'il réfléchit… Alors j'attends, j'attends, et la nuit tombe. « Ho ! Fabien, tu proposes quoi, là ?

— Bah, tu vas revenir tout seul, hein ? À la force de tes moignons. Tu peux pagayer avec, non ? Je vais te guider à la voix. T'inquiète, tu vas voir, ça va se passer comme sur des roulettes.

— Si je résume la situation, tu m'envoies valdinguer sur le lac et en vérité, tu n'as aucune solution pour me tirer de là…

— Tu suis mes consignes et tu gardes ton sang-froid, comme en course. C'est ça, la solution.

— Eh ben, on n'est pas sortis de l'auberge… »

Je n'ai pas eu peur un seul instant et en une demi-heure chrono, j'étais de retour sur la terre ferme. On s'est dit que celle-là, peut-être qu'on ne la raconterait pas à ma mère.

*

Rio de Janeiro.

Par chance, mes parents sont au Brésil avec moi et ça, déjà, c'est un grand bonheur. Merci au club handisport de Lunéville qui finance une partie de leur voyage et du séjour. Nous ne logeons pas à la même adresse, car j'ai le privilège d'être hébergé au village olympique avec les autres membres de l'équipe de France paralympique. Mais nous nous retrouvons au Centre aquatique olympique, la plus belle piscine que j'aie jamais vue de ma vie, pouvant accueillir quinze mille personnes.

À seize ans, mon jeune âge fait de moi le benjamin de l'équipe de France, le bleu des Bleus, la mascotte de la délégation. À ce titre, je reçois un nombre incalculable de sollicitations des médias en quête de sujets rafraîchissants. Je m'y perds en propos mièvres et quand je m'entends dire : « Je suis pressé de montrer ce que je sais faire et de m'arracher dans le bassin », je n'y crois pas, c'est à peine si je reconnais ma voix, j'en bafouille presque. Pour une raison qui m'échappe, je me sens ramolli du bulbe, pas conquérant pour un sou. Comme si j'étais en représentation au lieu d'être à fond dans la préparation de mes courses, au sein de cette foutue catégorie S5. De plus, Fabien me manque *énormément*. À cette époque-là, il ne fait pas encore partie du staff de l'équipe de France et n'a donc aucune raison officielle d'être ici. Nous échangeons par téléphone ou par mail. Mais son absence physique à mes côtés me fait perdre de l'influx. C'est mon carburant, Fabien. Pourtant, l'encadrement de l'équipe de France est irréprochable avec moi.

On laisse de côté ces trémolos et on se concentre sur les courses, enfin. Dès les séries, je gicle sur cinquante mètres dos et sur cinquante mètres papillon. Lamentable. Ce n'est guère une surprise. Ce ne sont pas mes disciplines de choc. Ma spécialité, c'est le deux cents mètres nage libre. En crawl, donc. L'or est inaccessible, car la première place est promise au héros national, Daniel Dias. Il est l'as de Campinas – sa ville d'origine, située au nord de São Paolo. Il est l'élu de son peuple. Né sans mains et sans pieds, aussi vénéré là-bas qu'Ayrton Senna en son temps, il est du genre démonstratif sur sa foi chrétienne. « L'impossible devient réalité car rien n'est impossible à Dieu », lui a appris sa maman. Daniel Dias semble sorti tout droit d'une légende, d'un monde parallèle, d'une soucoupe volante. Ici, c'est un demi-dieu. Il est Daniel l'Intouchable.

En revanche, jouer les trouble-fête auprès de l'Américain Roy Perkins ou de l'Écossais Andrew

Mullen, ça, c'est peut-être faisable. Peut-être. À condition d'aller chercher ce petit supplément d'âme que je sens parfois naître en moi.

Parfois, mais pas ce coup-là. Je ne suis pas dans cet état de grâce qui favorise les grandes performances. Je me sens – comment dire ? – impressionné. Manque de décontraction. Manque d'expérience. Manque de concentration. Preuve en est, dès le départ, quand j'entends sous l'eau les hurlements du public pour *son* Daniel. « Di-as, Di-as, Di-as… » Normalement, je devrais être dans ma bulle. Ce n'est pas le cas. Je me bats avec les moyens du bord et j'arrive quatrième. C'est la place du couillon – encore une fois. Cette saleté de médaille en chocolat.

Je sors de l'eau et je chiale comme une madeleine. Je pleure sur moi, pauvre de moi, et sur cette course à moitié ratée. Je pleure pour mes parents, à qui j'aurais tant voulu faire plaisir – et honneur. Je pleure l'absence de mon coach qui n'est pas là pour me consoler. Pour relativiser. Me rassurer. Me dire : « Des courses, il y en aura d'autres. Tu vas continuer à travailler, à progresser. » J'arrache mon bonnet blanc, j'ai les tempes qui implosent, les muscles en surchauffe. Au fond de mon cœur, je ne suis que tristesse et frustration.

Tourner la page.

Rentrer chez moi.

Rebondir.

Chapitre 13

Glisser, se péter la gueule, s'exploser. C'est une façon étrange et très personnelle de rebondir. Mais c'est tout moi, ça.

Je viens à peine de fêter mes dix-sept ans et on est en mai 2017. Ce matin-là, il pleut des cordes sur la bonne ville d'eau de Vichy. Entre deux nuages gris, je profite de la clémence provisoire du ciel pour aller faire quelques petites courses au centre commercial. C'est vite fait. Je franchis l'épreuve de la caisse, je serre mon sac comme un bébé et j'emprunte la voie de la sortie. Jusque-là, rien à signaler. Dehors, le sol est détrempé. Une patinoire. À quoi je pense ? À tout sauf à regarder où je pose mes prothèses. Erreur grossière. Car à la vitesse de la lumière je dérape et là, c'est le looping : je pars en planchette japonaise, bien accroché à mon sac, et je m'étale, je m'écrase sur le bitume comme le parfait nigaud que je suis. Je tombe de tout mon poids sur le côté droit, entre épaule et avant-bras. Une douleur immédiate et violente me saisit et je me retiens pour ne pas hurler à la Tarzan : je viens de me fracturer l'humérus. La suite, je connais, c'est la routine infernale. Les urgences. Opération chirurgicale. La nécessité de poser une vis.

Le chirurgien ne tourne pas autour du pot : « Il vous faudra compter trois mois de convalescence, dont six semaines d'immobilisation *totale.* » L'enfer, quoi. Une sensation de malaise. Une impression de retourner loin, si loin en arrière. Des réminiscences pénibles qui me remontent jusqu'à la gorge.

Bon, déjà, je dois oublier les championnats de France N1 qui se profilent à Strasbourg. Mes espoirs de podiums, de médailles, tout ça, ça s'envole. Mais c'est la double peine. Car ce rendez-vous de Strasbourg est qualificatif pour les championnats du monde – « les Monde » comme on dit entre nous – qui se dérouleront à Mexico du 27 novembre au 7 décembre 2017. Dire que j'ai le moral dans les chaussettes est un euphémisme. C'est bien au-delà de ça. J'ai un manque de vocabulaire pour traduire ce que j'éprouve.

Mais j'ai mon équipe, ma *team*, ma petite bande à moi qui ne me lâche pas. Ce sont eux qui me tiennent vraiment à bout de bras. Ce sont eux qui vont m'aider à surmonter ce supplice. Il y a d'abord mes deux colocataires – et amis si chers – du CREPS de Vichy, handis tous les deux : la nageuse Émeline Pierre et le nageur Maël Cornic.

Et puis, il y a Fabien. Après Rio, Fabien Maltrait a été intégré au staff de l'équipe de France... Ce sont eux trois, donc, qui me remettront la tête à l'endroit. Et de l'espoir au cœur.

Dès que je serai réparé, je vais reprendre l'entraînement – et mettre les bouchées doubles, triples, quadruples. Je *veux*, je *dois* être prêt. Sur le critère de mes temps de référence, j'espère obtenir une dérogation pour pouvoir participer aux « Monde » – et filer là-bas, au Mexique.

Croisons les doigts – je sais, j'en ai plus, mais j'ai encore le droit de plaisanter, non ?

*

Tout de suite après les Jeux de Rio, je suis passé en seconde au lycée Albert-Londres. Question jolies filles, je ne pouvais rêver mieux. Mais par rapport au collège, le changement de rythme scolaire est brutal. Le programme général est dense, on a des tonnes de devoirs à faire « à la maison » et les professeurs sont d'une exigence impitoyable. Quant à la structure même du lycée, pour un mec en fauteuil, elle n'est guère adaptée. Tout est loin de tout. Bref, au secours, Mickaël !

Mickaël reste serein. Il me donne tout ce qu'il a à me donner, il m'aide autant qu'il le peut, et pour l'année à venir, il me fait déjà miroiter les mérites d'une orientation sur mesure, qui marierait mes points forts et mes aspirations. Je me souviens d'une conversation entre nous, à la cantine : « T'as une idée de ce que t'aimerais faire plus tard, Théo ? Quel bac as-tu envie de passer ?

— Je voudrais faire STI2D [sciences et technologie de l'industrie et du développement durable]. Ça a l'air pas mal, ça, non ? T'en dis quoi, toi... ? Je vais me renseigner... »

Le lendemain, même heure, même endroit, même menu : « Bon, alors, la STI2D, on oublie...

— Ah, bon ? Et pour quelle raison ?

— Trente-quatre garçons sur trente-cinq élèves, la voilà, la raison.

— Ah. Effectivement, c'est ennuyeux.

— Mickaël... dans quelle classe y a-t-il le plus de filles ?

— En lettres...

— Ah non, lettres, ça, c'est pas possible, on oublie, c'est mort, tu le sais bien. T'as quoi d'autre ?

— ST2S, sciences et technologies de la santé et du social. Ça existe, oui, oui, et c'est pas mal.

— Eh ben voilà, on prend santé ou social ou les deux. Et tu dis qu'il y a plein de filles... ?

— Mais enfin, Théo ! On ne choisit pas son orientation professionnelle en fonction de son taux d'hormones !

— Tu te trompes, là, Mickaël, ça me plaît vraiment ce truc. D'ailleurs, j'y avais pensé. Si, si, je réfléchissais à une matière autour de la diététique, je te jure. Ça va être top. Et puis, surtout, je vais changer de lycée. J'en peux plus, moi, d'Albert [-Londres]... »

Je rame toujours pour passer en première mais au moins, le fait d'avoir un but, un horizon ensoleillé, m'encourage à me remuer. À travailler davantage. L'établissement qui m'attend en filières spécifiques – le lycée Valery-Larbaud – est plus petit, plus convivial, plus accueillant. Et ça tombe bien parce que je vais y rester trois ans. J'ai choisi de passer mon bac sur deux ans, un cursus proposé aux sportifs de haut niveau. Mais, disons-le clairement : pour moi, à cette époque, les études, la fac, la perspective d'un boulot « normal », d'une vie « normale », ce n'est ni un plan B, ni C, ni D. Tout ça, c'est carrément *niet.*

D'abord, à dix-sept ans, j'ai des rêves plein la tête et je n'envisage pas une seconde l'échec dans ma carrière de nageur paralympique. Ensuite, je me frotte à quelques expériences qui me plaisent autrement plus que les études. Un petit rôle dans la série *Vestiaires*, où l'on se moque des sportifs handis, me comble. C'est court, punchy, et ça passe le samedi sur France 2. J'adhère à cent pour cent au concept des deux acteurs, auteurs et réalisateurs de la série, Adda Abdelli et Fabrice Chanut. Ils utilisent un humour taquin à souhait, sans retenue aucune, pour évoquer l'univers des personnes en situation de handicap, et eux, ils savent de quoi ils parlent : c'est leur cas à tous les deux. Les quelques dialogues que j'ai à dire me procurent un plaisir intense. Parfois j'y vais avec Nathan, qui me donne la réplique – ou alors, il me fait travailler mon rôle dans ma chambre. Ainsi, je me découvre « acteur » – et j'adore ça, figurez-vous.

On en reparlera.

*

En attendant, je me morfonds, momifié du haut du corps, et en fauteuil électrique – toute la journée. Toutes ces longues semaines, si je n'avais pas eu le renfort de Nathan, comment aurais-je pu m'en sortir ?

Théo ne peut plus se servir de ses deux bras comme d'une espèce de pince, ainsi qu'il a appris à le faire pour se débrouiller en toutes circonstances. Il ne peut plus rien faire seul. Je l'aide pour tout, à se raser, manger, se laver, se sécher. Il y a des couples qui n'atteignent sans doute jamais ce degré d'intimité, mais dans notre cas, nous ne sommes pas plus gênés que ça. On est des potes. Et on n'a pas le choix, surtout.

De cette tranche de vie où un excès de pudeur serait un frein, je réalise que le lien entre l'aidant et la personne en situation de handicap n'est pas à sens unique. C'est un échange. J'ai peut-être aidé Théo à enfiler son pantalon, mais lui, il m'aura appris des choses « taboues » pour le commun des mortels. Car

Théo, il est cash avec tout ça. En un sens, il m'aura ouvert l'esprit comme nul autre.

*

De bonnes nouvelles, enfin. Comme je l'espérais tant, je suis retenu pour les championnats du monde – sur dérogation.

Il va falloir rattraper le temps perdu mais ça ne me fait pas peur du tout. Je dirais même que j'aime être au pied du mur. C'est vrai, j'aime ça. Parfois, il m'arrive de me mettre dans le dur *exprès*. Pourquoi ? Pour avoir à me surpasser. Pour extraire le maximum de moi-même. Pour me donner à la folie.

Préparation à Vichy. Puis, avec Fabien, nous occupons le bassin de Lunéville durant le mois de juillet.

Quand il est acculé, avec face à lui une épreuve à brève échéance, sa force, c'est de pouvoir se remobiliser très vite, travailler très sérieusement et faire en sorte que ça passe. Théo n'est pas régulier dans le travail, il a toujours trente-six projets en tête – et ce sera encore plus vrai en 2019 et 2020, juste avant la pandémie – mais contrairement à ce qu'il peut balancer – à l'occasion – par provocation, c'est tout sauf un « branleur ». Il a la capacité de switcher *et de prioriser certains événements, quitte à se priver de nombreuses choses sur une longue période.*

Mon quotidien lorrain est calqué sur le rythme vichyssois. Lever à 6 h 30. Un petit déjeuner adapté et en avant, on met le cap sur la piscine, où l'échauffement commence à 8 heures. Séance de musculation. Puis deux heures dans l'eau avant un passage chez le kiné, si besoin est. Repas, sieste, temps libre – à Vichy, c'est le créneau réservé aux cours – et retour dans ma ligne, en soirée, pour deux bonnes heures supplémentaires de natation.

Ma priorité ? Renouer avec les sensations. En gros, cela signifie combiner des éléments – en apparence – contradictoires. D'abord, jouer sur deux tableaux – travailler sur le court terme et recréer des perspectives à plus long terme. Ensuite, essayer d'améliorer les performances sans aller trop vite et sans prendre le risque de se blesser. Enfin, aller le plus loin possible sans se mettre dans le rouge. C'est de la dentelle. C'est tout un art. Mais Fabien est un maître en la matière.

Quand je nage, mes pensées se concentrent sur Mexico où je disputerai le cinquante mètres nage libre, le cent mètres nage libre, le deux cents mètres nage libre et le cinquante mètres dos. Mexico où je vise un, deux, plusieurs podiums. Ce n'est ni de la morgue ni de la suffisance. J'ai été pénalisé par ma blessure, je ne sais pas réellement ce que je vaux, mais il n'est pas question de modérer mon ambition.

À Saint-Nazaire, dans le cadre de ma préparation aux « Monde », je retrouve mes partenaires de l'équipe de France pour des stages et d'ultimes réglages.

Voilà.

On peut y aller.

*

Nous avons laissé la France et l'automne derrière nous, et longtemps, longtemps après, nous voilà qui roulons sur l'asphalte et le tarmac de l'aéroport Benito-Juárez de Mexico, le plus important d'Amérique latine. Une semaine avant notre arrivée, cet aéroport monstre a été fermé une journée, car les Mexicains ont dû évaluer les dégâts éventuels liés à un tremblement de terre qui a secoué la vallée de Mexico.

L'aéroport Benito-Juárez est situé à deux mille deux cent trente mètres d'altitude. C'est une donnée fondamentale et, bien évidemment, nous avons travaillé sur cette caractéristique locale qui donne aux visiteurs étrangers, quand ils émergent de l'avion, l'impression de manquer cruellement d'oxygène. Nous avons fait des stages en altitude. Car le corps n'aime pas être surpris, mais avec une préparation spécifique il s'adapte plus facilement.

Cette fois-ci, Fabien Maltrait est du voyage et cela me rassure à un point… Ce qui nous a manqué en volume de temps passé dans le bassin, nous l'avons compensé par plus d'intensité, plus de physique, plus de technique – et plus de dialogue.

De sorte que le défi que je veux relever est tout à fait à ma portée, me semble-t-il.

Je nage toujours en S5, cette catégorie où règne mon indéboulonnable rival brésilien, Daniel Dias. Avec un tel champion, la question n'est pas de savoir qui va remporter l'or dans la course où il s'aligne, mais qui va décrocher l'argent.

Lors de ces championnats du monde, Daniel Dias remportera six médailles d'or. Pas moins.

Peu importe. Moi, ce que je veux, c'est le meilleur de ce qu'il reste à se partager entre « humains » et, dans cette optique, je m'en sors plutôt très bien avec deux beaux podiums : d'entrée de jeu, une première médaille d'argent un peu inespérée sur le cent mètres nage libre et, pour terminer en beauté, une deuxième médaille d'argent sur le deux cents mètres nage libre, plus attendue celle-là, mais encore fallait-il aller la chercher.

Deux titres de vice-champion du monde.

Je suis satisfait. Fabien m'a enseigné le sang-froid et j'ai respecté à la lettre ses consignes – j'ai dosé mon effort compte tenu de l'altitude. Tous ceux qui sont partis trop vite – et ont blindé d'entrée comme j'ai toujours tendance à le faire – ont explosé en vol par manque d'oxygène.

Je suis content, aussi, parce qu'avec l'expérience je deviens redoutable en… chambre d'appel. Plus question de me laisser envahir par les émotions ou par le bluff d'un adversaire. Parfois, une course se gagne avant même d'entrer dans l'eau.

Je commence à savoir maîtriser la guerre des nerfs. User de l'intox. Surjouer la confiance, le mec qui est venu pour tout déchirer, pour « vous éclater la gueule à tous ». Il sera toujours temps de se congratuler après la course et les hymnes. Mais *avant*, ça doit être ambiance combat de boxe.

À mes débuts, j'étais loin d'imaginer que nager vite n'était pas la seule priorité de la chose. Non, il faut aussi savoir « en imposer » aux autres. Apposer ta marque sur le front de tes adversaires.

À Rio, aux Jeux, je m'étais fait avoir comme un bleu par l'Écossais Andrew Mullen. Je m'en souviens comme si c'était ce matin. Je suis assis tranquillement à ma place, en fauteuil, dans la chambre d'appel, quand tout à coup, Mullen entame un véritable numéro de cirque. Il se jette à mes pieds en me dévisageant, mais sans m'adresser la parole, et fait des séries de pompes à toute vitesse. Puis il s'étire dans tous les sens, on aurait dit un cracheur de feu sur fond de transe vaudou. J'étais déconcerté. C'était le but recherché : sortir l'adversaire de son petit périmètre intime, le déranger d'une manière agressive ou baroque. Je ne dis pas que c'est pour ça qu'il a eu le podium et pas moi, mais en compétition, *tout* compte. Et ce jour-là, je décide alors d'ajouter *ça* à ma panoplie.

À mon tour, je me suis lancé dans le « théâtre ». Les rituels. Avant une course, je suis calme, très calme. Tassé au fond de mon fauteuil, j'entre dans ma bulle. Je ne bouge pas de mes prothèses. Je place mon casque sur les oreilles et j'écoute des chansons. Ou du rap avec des paroles qui ont du sens. J'ai besoin de me mettre dans ce fameux *dark*, cet état sombre dont je vous ai déjà parlé, et ainsi, je finis par acquérir un regard de psychopathe. Faut pas venir me chercher. Un jour, je me suis retrouvé les yeux dans les yeux avec un adversaire qui ne voulait pas lâcher ce duel improvisé. Quelqu'un l'en a détourné par mégarde et il a été obligé de lâcher en premier. Il était fou de rage, et moi, toujours impassible, je me marrais intérieurement, l'air de me foutre de sa gueule. Parfois, je regarde les adversaires comme si j'avais l'intention de les bouffer. Je suis un cannibale. Plus aquatique : je suis un squale. Comme celui que je me suis fait tatouer sur le flanc.

Avant d'escalader la plus haute marche du podium et, sur fond de *Marseillaise*, de suivre des yeux notre drapeau tricolore qui monte, qui monte, qui monte, j'ai encore du boulot à accomplir, je le sais, mais j'accumule les pièces du puzzle – et je les assemble de plus en plus vite. C'est passionnant.

Avec Fabien, nous savons que les prochains championnats d'Europe, à Dublin en 2018, représentent une sacrée opportunité – en l'absence du demi-dieu brésilien, Dias l'Intouchable – de viser l'or. Pour autant, on ne se met aucune pression. Je suis jeune, j'ai soif de victoires et – je le sens dans mes entrailles – une belle marge de progression. Daniel Dias, lui, a douze ans de plus que moi et un jour, peut-être, comme tous les vieux champions, il sera repu. Donc avec Fabien nous allons envisager l'avenir épreuve par épreuve. Mais dans notre ligne de mire, on place évidemment les championnats du monde 2019, à Londres, et, bien entendu, les Jeux de Tokyo, en 2020.

J'aurai alors vingt ans.

*

Dublin. Championnats d'Europe 2018. L'ambiance dans les rangs de l'équipe de France est à la dissidence. La raison ? Je vais essayer de faire court. Car les querelles entre dirigeants, athlètes, entraîneurs, si elles sont monnaie courante en coulisses, ne captivent pas forcément le grand public. Néanmoins, de ces luttes intestines naissent des situations qui peuvent changer l'histoire d'une discipline et de ceux qui l'incarnent.

Au lendemain des mondiaux de Mexico, un nouveau directeur technique national (DTN) de la natation handisport est nommé : Sami El Gueddari, un Orléanais né en 1984. Ancien nageur handisport, celui qui, l'année suivante, en 2019, va remporter le concours « Danse avec les stars » sur TF1, a participé à deux Jeux paralympiques en tant qu'athlète.

Entre Sami El Gueddari et moi, le courant ne passe pas, et ne passera *jamais*. Quand j'étais gamin, alors que je faisais mes premières armes à Vichy, je sentais déjà qu'il m'avait dans le collimateur. J'étais le chouchou d'un peu tout le monde et cet élan de sympathie provoqué par ma « bonne bouille » semblait déjà lui taper sur le système. Quant à mon entraîneur, Fabien Maltrait, entre eux, c'était plutôt tendu.

Une fois en poste, la première décision prise par Sami El Gueddari a consisté à déplacer le Pôle France dédié aux nageurs paralympiques, de Vichy, où il était basé depuis 2012, au CREPS de Talence, près de Bordeaux. Même si, là-bas, les conditions d'entraînement et de vie quotidienne sont beaucoup moins favorables aux athlètes à l'horizon des Jeux de Tokyo 2020, lui ça l'arrangeait. Donc, tous à Bordeaux et silence dans les rangs !

Eh bien, non. Quand l'annonce est officialisée, Fabien Maltrait et nous – plusieurs nageurs vichyssois – refusons de nous installer à Talence. Pas par caprice. Mais parce que les conditions ne sont en rien favorables à notre préparation.

Un accord est alors trouvé pour que nous puissions rester au CREPS de Vichy et conserver notre mode d'entraînement habituel. Pas question de sanction au niveau des sélections en équipe de France, car seuls les minima dans les épreuves de qualification feront office de juge de paix à la veille des grandes épreuves internationales.

Cet accord concerne la FFH (Fédération française handisport), le comité handisport de l'Allier – gestionnaire du Pôle France avec le CREPS de Vichy – et les instances territoriales locales. Les termes de cet accord ? Constituer un pôle privé au sein d'une académie privée : en l'occurrence, l'Académie Philippe Croizon, qui est déjà partie prenante dans la structure du CREPS de Vichy depuis son lancement.

Reste à trouver le financement pour garantir, à nous les « rebelles » et aux jeunes derrière nous, un encadrement optimal vingt-quatre heures sur vingt-quatre. Et un environnement pluridisciplinaire de qualité afin de s'épanouir à titre personnel, terminer notre scolarité avec le bac en poche et progresser dans tous les domaines. Voilà pour l'argumentaire.

Il faudra se battre pour trouver les fonds nécessaires à ce fonctionnement autonome et c'est Anne Bayard – elle s'occupe déjà de moi – et Philippe Croizon qui vont s'y coller. Ils conçoivent une plaquette pour expliquer le nouveau concept, dénichent des sponsors, réalisent l'impossible.

Et c'est ainsi que nous avons pu continuer comme avant, à Vichy, mais en mode privé, tandis que l'officiel Pôle France, lui, fonctionne à Talence. J'avoue que tout ça me fait marrer. Dans l'Église, on appelle ça un schisme, non ?

Les championnats d'Europe de Dublin arrivent – enfin. J'ai dix-huit ans. C'est la première grande épreuve où nous sommes tous réunis. Les « pro-El Gueddari » et les « anti-El Gueddari ». Le désamour est palpable mais soyons honnêtes : il n'est pas plus perturbant que ça.

De toute façon, Fabien et moi sommes en immersion totale dans notre sphère. Concentrés comme jamais.

Nous sommes loin d'imaginer ce qui nous attend.

L'arnaque du siècle.

Chapitre 14

Émeline Pierre, Maël Cornic, Théo Curin.

Les Vichyssois. Les rebelles. Les inséparables. Hier à Mexico, aujourd'hui à Dublin, nous avons été sélectionnés tous les trois, et tous les trois nous sommes prêts à soulever des montagnes en Irlande.

Avec notre guide. Avec notre Fabien.

Deux jours avant la bagarre, on pose nos valises dans le comté de Dublin. On prend nos marques. Et moi, dès la seconde où j'entre en contact avec le bassin, je m'envole. La veille de ma course de prédilection, le deux cents mètres nage libre, je suis excité dans le bon sens du terme. En principe, dans ma catégorie, la fameuse S5, je détiens les meilleurs chronos sur *tous* mes adversaires habituels. En principe… Avec Fabien, on se voit déjà beaux : « On arrive, on gagne le deux cents mètres, et le reste, ce sera pour le plaisir… » À propos de plaisir, Maman et Papa sont là. C'est la cerise sur le gâteau.

Après, on suit la routine. Machinalement, on va prendre connaissance des *start-lists*, ces feuilles qui indiquent le nom, la nationalité et les chronos des engagés dans chacune des épreuves. Pour le deux cents mètres nage libre, je remarque deux noms qui me sont étrangers. Deux noms à consonance italienne. Au départ de ma catégorie S5, ces deux nageurs sont Francesco Bocciardo et Antonio Fantin. Bienvenue à eux. Dans la foulée, par curiosité, je regarde leurs temps et là, et je manque de tomber à la renverse. C'est une blague ou quoi ? Ils affichent des temps de mutants. Des chronos inférieurs aux miens de quinze secondes ! Quinze secondes sur un deux cents mètres, c'est *énorme*. C'est *injouable*.

Mais d'où ils sortent, ces deux-là ? De quelle planète ? Et ils nageraient plus vite que Dias l'Intouchable ? Alors moi, déjà, c'est acté, je peux remballer mes plus hautes espérances. Mais c'est incompréhensible. C'est un cauchemar. Avec Fabien, on a du mal à avaler. Et puis on voit apparaître nos deux Transalpins aux abords du bassin, tranquilles, et là on perce les secrets de leurs exploits.

Certes, les deux gars sont en fauteuil, mais *ils ont des bras et des mains !* Et le plus fort, c'est qu'ils ont l'usage partiel de leurs jambes décharnées. Et donc, sur un départ, ils peuvent pousser avec leurs deux pieds. On croit rêver. Comme on dit dans les faubourgs chez nos voisins alsaciens : « C'est à se poignarder le cul avec une saucisse. »

Fabien garde le silence. Plus tard, il dira : « Dublin restera comme mon pire souvenir de compétition ! »

Pour la forme, on va quand même se renseigner sur les deux gars en question et là, l'hallucination continue. Les deux bougres viennent de passer un examen en bonne et due forme, estampillé Fédération internationale de natation paralympique, en vue d'une reclassification. Et le résultat est admirable : par un tour de passe-passe, abracadabra, on vient de les descendre de catégorie. L'un était en S6 et on le bascule en S5. Quant à l'autre, il dégringole – en chute libre – de S7 en S5 ! C'est de mieux en mieux. Du délire absolu… Cela n'a sûrement rien à voir, mais dans ces instances de révision, les Italiens, les Anglo-Saxons et quasi le monde entier sont en nombre et on y cherche encore la trace des Français… Bref, disons sobrement que c'est de la magie pure. Mais désormais, cette nouvelle classification va procurer à nos amis italiens – et ce, pour les quatre années à venir ! – un avantage insurmontable, totalement injustifié et parfaitement déloyal vis-à-vis de tous les nageurs de ma catégorie.

C'est un peu comme si, en judo, Teddy Riner montait sur le tatami pour affronter une crevette rose. Bref, entre les représentants des instances et les « experts » patentés, nous avons affaire à de véritables virtuoses… Maintenant, *quid* des années de travail, de sacrifice, d'espérance pour tous ces nageurs lourdement handicapés, qui voient passer un beau matin des fusées dans leur catégorie – laquelle est soi-disant appréciée à sa juste valeur ? Balayées, rayées, méprisées. On appréciera.

Pour info, à ces championnats d'Europe, celui qui, hier encore, était en S7, défonce tous les records du monde dans ma catégorie… À l'arrivée, avec son compatriote, ils me collent un océan dans la vue. Et moi, dans l'état de nerfs, d'agitation aiguë où je suis, je ne termine même pas troisième mais quatrième, loin, très loin derrière le trio de tête. Car en prime, pour le bronze, je me fais aligner par un Espagnol, Antoni Ponce Bertran, nouveau venu dans ma catégorie, lui aussi, qui s'est présenté sur le plot de départ avec des mains *et* une jambe entière. Au point où l'on en est, après tout, pourquoi pas… ? En résumé, à Dublin, j'aurais fait la compétition la plus merdique de toute mon existence. Je suis passé à travers comme jamais. Je sors de là dégoûté. Et je suis peiné pour Émeline et Maël qui, à mon image, se sont bien loupés.

Même s'il ne montre jamais ses émotions, Fabien intériorise sa colère et son indignation. Je vois bien qu'il est touché. Il est blême. Avec le temps, j'ai appris à décoder son impassibilité. Ce mec, c'est la droiture, c'est la franchise : il ne supporte pas l'indignité, la duperie, la tromperie. Alors là, il est servi, il a plus que son compte, il a carrément sa dose et, avec ça, il doit nous servir de bouclier. Car rappelons qu'on évolue au sein d'une équipe de France qui nous considère comme des pièces rapportées.

À ce sujet, sur la razzia italienne dans ma catégorie, notre DTN n'a pas de commentaire à faire. J'insiste, je lui demande une réaction, je l'interroge sur les recours possibles. Il me répond : « À ce stade, on ne peut pas porter réclamation. » Super. Merci pour le soutien.

Je tombe dans les bras de mes parents qui comprennent mon désarroi et cherchent à me réconforter. C'est mission impossible. Privé de cet or tant convoité, je suis triste, dépité, écœuré. J'ai envie de rentrer me coucher chez moi, à Rehainviller, le seul endroit où je me ressource, et d'oublier cette mascarade, cette farce cautionnée par le silence de notre propre DTN. J'en ai le tournis. Presque la nausée.

*

Dix-huit ans. C'est quand même tôt pour prendre sa retraite, non ? L'idée d'arrêter ma carrière me traverse un instant l'esprit – rien qu'un instant. Certes, je ne suis pas d'un optimisme béat quant à mon avenir dans les bassins, mais j'ai de l'amour-propre et le sentiment d'avoir un statut à défendre coûte que coûte. C'est une question d'honneur. Et puis, dans un autre genre, ce serait dommage d'étouffer une notoriété naissante, acquise grâce à mes résultats – et grâce à l'énergie de Philippe Croizon et d'Anne Bayard. Comme promis – c'était il y a un siècle, déjà – sur une plage de Tarifa, Anne s'occupe à fond de « l'enfant de Gibraltar ». Elle effectue un gros travail sur son poulain et ça commence à porter ses fruits. Je suis invité à intervenir sur les plateaux de télévision, à donner des conférences en entreprise. Je continue de tourner dans *Vestiaires*. Je développe mon compte Instagram dont le nombre de *followers* ne cesse d'augmenter – les gens sont sensibles, semble-t-il, au cas d'un jeune nageur paralympique. Mais si demain j'arrête de nager, il se passe quoi ? Pour l'heure, c'est mon rapport à la compétition qui forge mon identité – et d'ailleurs, je le revendique.

*

Alors, je me passe la tête sous l'eau froide et je me réveille. Ces interrogations, cette noirceur, ces inquiétudes, je les jette à la mer. Et je retrouve un sourire que je n'aurais jamais dû perdre.

Pourquoi ?

Parce qu'en vérité, depuis mes dix-sept ans, je suis irradié par une source de lumière. Je suis raide amoureux. Elle s'appelle Charlotte et avec elle, près d'elle, il fait toujours beau.

À l'heure où je me raconte, elle aura été le coup de foudre, l'aurore, l'astre de ma jeunesse. Auparavant, j'ai bien eu deux petites amies très sympas. Mais là, c'est différent, c'est intense, c'est de la fièvre, c'est l'infini. Il est question de battements de cœur. Et à ce point-là, je n'imaginais pas que ça puisse exister.

Retour en arrière. Charlotte est alors en terminale, et moi en classe de première. Je suis assis sur un banc, dans le hall du lycée, à attendre Mickaël, et la voilà qui traverse le paysage. Le charme incarné. Une apparition divine. Je la regarde. Elle tourne son visage vers moi. Elle ne sait pas qui je suis, je ne sais pas qui elle est. Mais à cette seconde-là, on s'en fout, c'est secondaire. Il se passe juste un truc de dingue et je le vis au ralenti, comme dans les films. En clair, je suis délicieusement sonné.

Et si bouleversé que je ne pense pas même à retenir son attention. Je reste muet. Pétrifié. Comme une andouille. Presque en extase. Avec mes entrailles qui se mettent à faire des loopings… Je la cherche sur les réseaux sociaux et je la retrouve, elle se prénomme Charlotte. Je lui envoie un message d'une banalité sidérante : « Salut, je suis Théo, on s'est vus dans le hall du lycée… » On échange ainsi pendant quelque temps jusqu'à ce qu'enfin j'ose lui proposer de venir passer l'après-midi au CREPS. Au bout du compte, on passera la journée ensemble. On regardera un film.

Et puis on échangera un bisou. Moment d'une intensité inoubliable. Voilà. Pour toujours, à jamais, elle sera mon premier amour.

Et je nous revois braver les interdits... Un soir, on se faufile dans les couloirs de l'internat. Nathan nous surprend. Il ne dit rien. N'importe quel autre interne se serait fait défoncer (verbalement) et la jeune fille aurait dégagé sur-le-champ : à l'internat du CREPS, on ne rigole pas sur la discipline. Mais, là, j'ai un Nathan formidable. Pas un mot. Pas un regard. Pas un sourire. Rien d'autre que du respect et de la discrétion face à deux amoureux.

J'ai découvert plus tard que lorsqu'il n'a pas reçu de réponse à son texto de 6 heures du matin, mon père a d'abord été surpris, inquiet, voire un peu triste, mais dès qu'il a su, il a été immensément heureux que j'aime et que je sois aimé.

Cette rencontre amoureuse accélère mon projet de colocation avec mes amis Émeline et Maël dans un appartement en ville, même si, en réalité, je passe l'essentiel de mon temps dans la famille de Charlotte. Donc je quitte l'internat, mais cela ne m'empêche pas de continuer à voir Nathan et Mickaël. Au contraire.

Chaleur humaine, entrain, générosité, les parents de Charlotte m'ont ouvert leurs bras – et je les adore. Son papa est triathlète : nous n'arrêtons pas de nous défier. On se lance dans des parties de ping-pong à n'en plus finir. Qui occasionnent des hurlements et des rires jusqu'à minuit passé. Charlotte, qui poursuit des études d'infirmière, prend soin de moi avec une douceur inconcevable. Elle est très proche de sa maman, qui m'apprécie également. Je me rends compte à quel point j'aime la vie de famille. La mienne et celle de Charlotte.

*

C'est ce bonheur-là qui balaie les ruines de Dublin.

Je me mets à multiplier mes activités extrasportives, mais ça ne se discute pas, c'est l'évidence même, je me remobilise à cent pour cent pour les championnats du monde qui auront lieu à Londres, du 9 au 15 septembre 2019. Et j'irai là-bas avec de réelles ambitions. Pas pour y faire de la figuration : ces « Monde » servent d'épreuve de qualification pour les Jeux paralympiques de Tokyo 2020.

Au bord du bassin, Fabien assume son rôle d'entraîneur comme jamais, et moi j'enchaîne les longueurs. À fréquenter la salle de musculation avec mes potes, je me suis forgé un corps qui ressemble enfin à quelque chose – allez, qui me plaît, disons-le – et qui surtout me permet de nager plus vite. Est-ce que ma foi est restée intacte ? Pour être honnête, ça dépend. Il y a des jours où j'y crois à mort et d'autres où je me demande à quoi ça sert de s'investir à ce point dans un projet voué à l'échec, si l'on s'en tient aux chronos potentiels des uns et des autres dans ma catégorie. Même si je réalise des progrès inimaginables, je n'ai quasi *aucune chance* de décrocher une médaille.

Avec Fabien et Anne, nous décidons de nous défendre sur le terrain diplomatique. Nous allons solliciter le concours de personnes influentes au sein de nos instances afin d'attirer l'attention du Comité paralympique international sur cette anomalie qui me fait nager – moi et d'autres – avec des adversaires qui, à l'évidence, ont des moyens physiques qui ne sont pas les nôtres. En matière de propulsion et d'appuis, quand on a des jambes (même frêles) et des pieds, et qu'on y ajoute des bras et des mains, on peut deviner que ça aide, non ? C'est si difficile à comprendre ? Dois-je en rajouter ? Sans détour, sans complexe, nous demanderons donc que l'on reconsidère la classification en S5 des deux Italiens, Bocciardo et Fantin, et celle de l'Espagnol Ponce Bertran.

Le 4 février, depuis Vichy, j'envoie ma première missive à madame la présidente de la Fédération française de handisport, Guislaine Westelynck. Je lui résume en vrac les étapes de ma carrière et je lui avance ces quelques éléments de réflexion.

> Madame la Présidente,
>
> […]
>
> Quand j'explose le record de France sur cent mètres nage libre en 1'15"40, un nageur italien,

lui, boucle cette distance en 1'07". Soit un différentiel de 8"33. Sur cent mètres, comment un tel écart est-il possible ? C'est simple. Par des changements de classification pour certains athlètes qui, dans ma catégorie, possèdent leurs deux mains et leurs deux jambes. Et donc, les records détenus jusque-là par Daniel Dias, l'inébranlable et génial Brésilien, ont été pulvérisés et lui seront désormais inaccessibles. [...]

Dans notre catégorie, ces nouvelles reclassifications ont eu pour conséquence une totale disparité de handicap, qui réduit ainsi à néant et à jamais – si elles restent en l'état – tout espoir de podium, tout espoir d'apporter des médailles à la France. [...]

C'est la raison pour laquelle je vous adresse, Madame la Présidente, ce courrier afin de connaître votre position et savoir quelles démarches vous pourriez entreprendre.

Théo Curin

Vous allez me dire qu'à presque dix-neuf ans, il a bien du culot, ce Théo. Quelle arrogance ! Comment ose-t-il ? Dans ma lettre, je précise que j'ai déjà évoqué le sujet avec Daniel Dias et qu'il est dans le même état d'esprit que moi. Scandalisé. Ahuri. Et que j'ai l'intention d'aller sensibiliser d'autres nageurs à ce fait d'injustice.

Voilà. J'attends ma réponse.

Quelques jours passent, et elle arrive. Par mail, madame Westelynck m'envoie sur les roses : « Je ne peux imaginer un seul instant que… » Et madame la présidente m'encourage « vivement à persévérer dans mes entraînements sans jamais rien lâcher ». Bref, ferme-la, petit, et retourne dans ton bassin. Au passage, elle me suggère de repasser devant une commission de reclassification.

Je lui réponds, évidemment.

Je prends bonne note de sa proposition mais je lui fais remarquer – un peu sèchement, peut-être – que sa stratégie d'attentisme me navre.

Là, c'est le directeur de la communication de la FFH qui m'appelle et me saute à la gorge. Genre : « Théo, je ne te permets pas de… » La « stratégie d'attentisme », ça ne leur a pas plu du tout.

Je me fends alors d'une missive ultime : « Madame la Présidente, je ne souhaitais en aucun cas vous blesser. Mais je pensais que vous aviez la possibilité d'activer quelque chose. […] J'ai bien compris qu'il n'en était rien. » Et je termine en précisant que je compte entamer d'autres démarches eu égard au fait que le champ d'action de la FFH, de toute évidence, semble limité. On aura compris que je ne me fais pas que des amis.

Cela ne m'impressionne guère. Une telle impuissance devant un tel scandale me fascine… Dans la foulée, j'écris à Marie-Amélie Le Fur, athlète paralympique médaillée en athlétisme et présidente du Comité paralympique et sportif français. J'écris à d'autres. J'écris à tout le monde. S'il le faut, j'écrirai au pape.

*

Avec Fabien, on constate à quel point tout ce beau monde qui régit d'en haut le sport paralympique est – c'est un comble – paralysé en France et opaque à l'international. À l'heure de favoriser leurs athlètes, les fédérations anglaise et italienne, elles, ne rencontrent aucune résistance. Face à eux, il n'y a personne. Les règles sont appliquées à la tête du client. Pour le principe d'équité et les valeurs de l'olympisme, on repassera. Cela s'appelle de petits arrangements et du lobbying. Du foutage de gueule, en somme.

Dégoûtés, nous sommes. Mais puisqu'il faut se battre, nous nous battrons. Pour se battre, il faut une quête, un credo, et c'est Fabien qui trouve les mots : « Tu sais quoi, Théo ? On va s'entraîner à mort. Pas pour une médaille – il faudrait un miracle – mais pour apporter la preuve à la Fédération qu'il y a un vrai gros problème. » L'idée, c'est de progresser, encore et encore. De pulvériser mes records personnels aux Jeux de Tokyo. Et de clamer à la cantonade : « Voilà, j'ai fait comme vous me l'avez conseillé, je me suis entraîné comme un cinglé, mes progrès sont quantifiables et pour autant, je suis classé loin, très loin dans la pampa. Vous en pensez quoi ? »

*

Tous à Londres.

Avant d'attaquer ces championnats du monde, je demande à repasser les tests de classification dans l'espoir d'être reversé dans une catégorie qui corresponde à ma situation. Sur la table des « croquemorts » anglais, je suis mesuré à la toise, évalué au double-décimètre et on me classe en S4 – à quelques points près, j'étais S3. Hélas pour moi, mon handicap physique se heurte à nouveau à mes performances en bassin : on m'estime bon pour la S6. La moyenne des deux critères me renvoie en S5 – donc, à la case départ. Morale de l'histoire : si je nageais moins bien, je serais plus apte à remporter des médailles. C'est le nivellement par l'absurde.

10 septembre 2019. La finale du deux cents mètres nage libre en S5. C'est ma course. Daniel Dias n'est pas des nôtres. Sur cette distance, il est qualifié d'office pour les Jeux de Tokyo 2020 pour avoir gagné aux Jeux de Mexico en 2016. En revanche, Francesco Bocciardo, le nageur aux deux bras et aux deux jambes, est là et bien là – mais Fantin, son compatriote, a fait l'impasse sur le deux cents mètres nage libre. En revanche, Antoni Ponce Bertan, l'unijambiste espagnol qui salue son public avec ses deux mains, est de la partie. Ainsi qu'un petit bonhomme qui arrive dans son fauteuil roulant. C'est le Russe Artur Kubasov. Il a de bons chronos, celui-là. Quand il se lève de son fauteuil, on comprend aussitôt pourquoi : il a deux jambes

et deux bras. Son handicap ? Ce n'est pas un nain, mais il est d'une taille inférieure à la moyenne. Il est peut-être prenable, le Kubasov.

Ce 10 septembre, je suis enfoncé dans ma chaise. Pendant quelques secondes, je pense à Charlotte, à ma famille, à sa famille. Et puis je me renferme. Je récapitule le catéchisme de Fabien. Dans ces courses-là, il n'y a pas que la vitesse qui compte. Il faut savoir doser son effort, et éviter de partir trop vite – sinon, tu te crames. Pour autant, il ne faut pas non plus partir trop lentement – sinon, tu n'arriveras jamais à te relancer le moment venu. Pour la stratégie, je m'en remets entièrement au testament de Fabien. C'est strict, directif, calculé sur papier millimétré. Entrée de mes coudes dans l'eau. Nombre de coups de bras. Être dans la mécanique du rythme – et y rester. C'est mathématique.

D'entrée, le Russe s'élance comme un bolide. Autrefois, je l'aurais suivi, je n'aurais pas pu m'empêcher d'essayer de le griller. Mais un pacte tacite me lie à Fabien. Je respecte ses consignes. Je ne vais pas le chercher. Je ne le quitte pas des yeux. Il est devant moi. C'est bien la première fois de ma vie que je laisse partir un mec sans broncher. Ça me fait mal au ventre, mais bon. Juste avant la dernière longueur, je reviens sur lui, on touche la plaque et on tourne presque en même temps. Dernière culbute et là, comme c'est prévu, j'envoie le paquet, je file comme une balle, je me présente sous mon meilleur rapport puissance/motricité. Je continue à avancer sur lui malgré la fatigue. Parce que je prends l'eau. Et le Russe aussi, mais il ne lâche rien. On est maintenant presque côte à côte. Il est encore un peu devant, le bonhomme, mais je le gratte. Ça hurle dans les gradins. Ça hurle dans le camp français. C'est un duel jusqu'au sang. Quinze, dix, cinq, deux mètres – et c'est la touche finale. Je suis désavantagé en termes de bras, mais là je m'arrache et je parviens à projeter mon moignon avant sa main !

Médaille de bronze.

Troisième du deux cents mètres nage libre aux championnats du monde de Londres, en deux minutes, quarante-deux secondes et trente-six centièmes, derrière l'Italien Francesco Bocciardo, sacré en deux minutes, vingt-quatre secondes et onze centièmes et l'Espagnol Antoni Ponce Bertran, arrivé deuxième en deux minutes, trente-deux secondes et quatre-vingt-trois centièmes. « Théo a fait une très belle course, il ne s'est jamais affolé et a su repasser devant le Russe Kubasov pour la troisième place dans les quinze derniers mètres », salue notre cher DTN.

Moi, je dis : merci, Fabien.

Vous aurez noté les différences de temps entre les trois premiers. L'Italien me colle dix-huit secondes et vingt-cinq centièmes dans la vue et l'Espagnol, neuf secondes et cinquante-trois centièmes. Ajoutez les deux absents de marque : le

Brésilien Daniel Dias, qui a regardé la course depuis sa tribune, et le deuxième Italien, médaillé d'argent à Dublin, Antonio Fantin. C'est vous dire ce que cela laisse augurer de mes chances aux Jeux de Tokyo.

Pour l'heure, on s'en fout, on s'en tape, on s'en cogne, des Jeux de Tokyo. Il sera toujours temps d'y penser, de se remobiliser, de repartir au front la fleur au fusil. Mais là, c'est une joie intense. Avec Fabien, on la tient, cette médaille de bronze. C'est notre récompense *à nous*. On a travaillé vraiment dur pour aller la chercher. On ne l'a pas volée. Et j'ai fait la course parfaite parce que j'ai suivi à la lettre ses consignes…

Troisième. Autrefois, j'aurais tiré la tronche. Aujourd'hui, cette troisième place, c'est une victoire sur moi-même, une victoire pour Fabien, et elle n'a pas de prix. C'est ma plus belle course. C'est *notre* plus belle course.

Sur l'instant, je voudrais tant le serrer dans mes bras, mais il est absent. Durant toute la compétition, il était « avec moi ». Mais dans les faits, non. Il était chez lui. Après Dublin, il a été écarté du staff officiel de l'équipe de France par Sami El Gueddari…

En attendant la cérémonie, je mets mon casque sur les oreilles et j'écoute la bande-son de ma vie. Ma vie avec Fabien. Ma vie grâce à Fabien.

*

La chance que j'ai eue, c'est d'être tombé sur le coach qu'il me fallait. Celui qui se sera sans cesse foutu de ma gueule pour me réveiller. Me recadrer. Me calmer. Me donner envie. Me donner les clés. Quelqu'un d'assez subtil, patient, obstiné – et assez fêlé pour avoir toujours cru en moi.

Il ne m'a jamais engueulé. Il a toujours préféré pincer ma corde sensible : l'orgueil. Avec son air de ne pas y toucher, Fabien a l'art de laisser tomber la phrase qui te désintègre. Un jour, j'aurais du mal à l'oublier, une équipe de reporters se déplace jusqu'à Vichy pour filmer mon quotidien de nageur paralympique. Je me mets alors à nager « beau », à nager « stylé ». J'ai plus envie de la ramener, de séduire que d'aller vite. Fabien se penche vers moi et me demande : « Pourquoi tu essaies de nager comme Alain Bernard alors que tu as le physique de Passe-Partout ? » Tiens, mon petit Théo, prends-toi ça dans la bobine – et réfléchis deux secondes à ce que tu fais.

Une autre fois, Fabien m'avait tellement répété que le dernier cinquante mètres d'un deux cents mètres nage libre, il fallait le faire à fond, que je me mets à tourner les bras comme des hélices de mixeur. Comme si je montais des œufs en neige. Fabien, sans un sourire, voix basse : « Théo, tu moulines aussi vite que t'es con. »

Avec lui, en revanche, le jour où t'es triste parce qu'il n'y a rien qui va, il est là. À l'écoute. Toujours.

Avec Fabien, je pars à la guerre.

*

Retour à Vichy.

Les affaires reprennent et j'ai encore une année de lycée pour décrocher mon bac. Dans la perspective des Jeux de Tokyo 2020 et l'envie de battre mes records pour prouver aux instances qu'il y a un vrai problème d'équité dans ma catégorie, je retourne au feu. Nous, les sportifs de haut niveau, sommes de drôles d'oiseaux bizarres. Nous ne pensons qu'à planer plus haut – toujours. C'est une obsession. C'est un besoin. En fait, il nous faut les moulins de don Quichotte, il nous faut des rêves presque impossibles à accomplir, il nous faut braver parfois même l'inaccessible. Sans cet idéal, sans cette motivation, il ne nous reste rien. Zéro. Que dalle. Nous sommes des chasseurs de secondes. Nous défions des chronomètres comme d'autres s'attaqueraient à des sommets de montagne encore vierges. Anne sent que j'ai besoin d'une motivation supplémentaire pour m'accrocher jusqu'aux Jeux. Elle fait alors germer une nouvelle graine en moi, qui m'emballe : me lancer mon propre défi en année post-Tokyo… Affaire à suivre.

Sapins, neige, cheveux d'ange, bûches, bulles : voilà, c'est réglé, on laisse Noël derrière nous. Et à la rentrée, le 5 janvier 2020, à la télévision on entend parler d'une méchante, d'une mystérieuse pneumonie qui cartonnerait en Chine. Des images, des mots repassent en boucle. Wuhan. Covid 19.

Pangolin. Chauve-souris. Au début, avouons-le, on n'en a rien à foutre et ça nous ferait presque marrer de voir ces Chinois qui font sortir de terre des hôpitaux en moins d'une semaine. Et puis ça s'amplifie, ça dégénère, ça s'exporte. Ça voyage vite et ça cogne sévère. On meurt chez les voisins, on meurt chez nous – et on meurt aux quatre coins de la planète. On n'a plus du tout envie de se marrer.

Puis, un dimanche soir, à la fin d'un super week-end avec mes parents qui sont venus me voir à Vichy, on se retrouve dans ma chambre pour se dire au revoir. Et là :

« Théo ?

— Oui, Maman ?

— Il faut que l'on te dise une chose.

— Quoi donc ?

— Ton père et moi, nous allons nous séparer.

— Vous allez quoi ?

— Nous allons divorcer. »

Vous voyez ces vieilles barres d'immeubles qui s'effondrent sur elles-mêmes en implosant sous les charges de dynamite ? Sur le coup, de moi, il ne reste qu'un tas de gravats fumants dans un nuage de poussière, sur fond de ciel noir. C'est l'Apocalypse.

Le mardi suivant, la matinée s'étire dans le calme routinier du CREPS. À la piscine, Fabien nous rassemble. Pour nous faire part, dit-il, d'un truc important.

« On ferme. »

Chapitre 15

Je rame.

Pour calmer mes nerfs à vif, en plein confinement, j'achète un rameur, et je l'installe dans notre garage, à Rehainviller. À la Théo, je fixe moi-même le palonnier et ses poignées de tirage à mes moignons de bras. Je cale mon fessier bien au fond du siège coulissant et, dans mon cerveau en fusion, pendant des heures et des heures, je traverse la Manche. Voilà. Et cette dépense d'énergie m'évite de hurler comme une bête fauve.

Donc, je rame, je rame, je rame. Au passage, j'essaie de convertir la famille à l'aviron *indoor*. Papa s'y met volontiers. Maman, elle, ne veut même pas en entendre parler. Quant à Océane, elle fait preuve d'une réelle bonne volonté : elle tiendra… un jour. Ma sœur, qui vit et travaille désormais à Thionville, a décidé de venir se confiner chez les parents. C'est une excellente nouvelle. Je suis plus que content de la voir. Mais très vite, je ne sais pas comment elle va réussir à me supporter.

Car je suis insupportable. À gifler. Par instants, j'ai une terrible envie de me taper dessus. À la maison, c'est spectaculaire, tout le monde s'engueule avec tout le monde. Quand mes parents s'engueulent, je prends le parti de mon père – même s'il a tort. Puis je m'engueule avec ma mère. Alors ma sœur vient en renfort de ma mère et je m'engueule avec ma sœur.

Ce confinement, je le respecte mais je ne tiens pas en place. Pour moi, éviter tout contact avec les personnes âgées, c'est un véritable crève-cœur. Je ne peux pas aller embrasser mes grands-parents. Bon, je parle au téléphone avec mon idole, Papy Michel, mais ses yeux vifs et rieurs me manquent tellement…

Bien sûr, ma Charlotte est restée chez ses parents, à Vichy. Bien sûr, nous passons de longs moments ensemble, entre Zoom et WhatsApp. Elle me manque comme aussi Fabien, Émeline, Maël – et puis tous les potes. Me manquent enfin – cela va de soi – mes deux fidèles Nathan et Mickaël.

Privé de piscine, sevré de longueurs, à tourner en rond dans l'attente du 24 mars, je ne suis pas à prendre avec des pincettes. Vraiment pas, non. Ce jour-là, je serai suspendu à l'annonce du Comité international olympique, le fameux CIO. Avec eux, cela sent le pile ou face. On reporte les Jeux ? On les reporte pas ? Tokyo 2020 ou Tokyo 2021 ?

Le 24 mars, c'est plié. Les Jeux sont officiellement reportés à l'été 2021. Et les réactions tombent. Tout le monde a l'air ravi. Les Jeux paralympiques ont déjà leur nouveau calendrier. Ils se tiendront du 24 août au 5 septembre 2021. Pour nous, cela signifie dix-sept mois à attendre.

À cette annonce, je me sens dans un état funambulesque. En résumé ? Des Jeux reportés aux calendes grecques. Un divorce. Un rameur odieux. Et mon existence à Vichy, qui part à la dérive sur l'Allier.

Et si c'était un signe du destin ? Je ne sais pas trop quoi en penser. Il faut avouer que depuis quelques semaines, j'ai des boules de billard qui claquent aux quatre coins de mon cerveau. Je suis irritable, et irrité, pour un rien. Je suis assommé. Je suis en torche. Déboussolé.

Et puis, aussi, il y a mon propre défi, cette petite graine qu'Anne avait semée pour me motiver jusqu'aux Jeux…

*

Là, je vais repartir un peu en arrière.

Après ma médaille de bronze aux « Monde » de Londres, on s'est mis à cogiter avec Anne. Quel projet pour me relancer jusqu'aux Jeux de Tokyo ? On était d'accord qu'il fallait un exploit original, pas uniquement une performance sportive. Je voulais plus que ça. Un truc qui ait du sens. Depuis quelque temps, je suis de plus en plus sensibilisé à l'écologie : l'environnement, le réchauffement climatique, la pollution des océans et de l'eau en général... J'ai envie, à mon petit niveau, de faire quelque chose. Et pas forcément tout seul. Quelque chose qu'on puisse partager, à deux ou trois. Et dans le cerveau d'Anne, l'idée a fait son chemin.

Autour de la Toussaint 2019, Anne me dit : « Pour le défi que tu veux te trouver, il y a peut-être un truc qui pourrait te plaire... » Et c'est là qu'elle avait lancé cette idée de dingue : la traversée à la nage du lac Titicaca, le plus haut du monde – trois mille huit cent douze mètres d'altitude –, dans la cordillère des Andes ! Un défi de fou et super excitant pour moi.

Après avoir pas mal cherché, on a imaginé quelque chose de complètement inédit : un trio de nageurs, en totale autonomie et tractant leur propre embarcation. Une performance sportive extrême avec une dimension écologique : l'aventure permettrait de donner un coup de projecteur sur le réchauffement climatique et la pollution des eaux du lac qui menacent la survie de populations vivant de la pêche et de l'agriculture. Enfin, un appel aux dons serait lancé pour aider financièrement une association locale engagée dans la sauvegarde de l'environnement et apportant son aide aux plus démunis. Nom de code : « DÉFI TITICACA ».

Waouh, bingo ! C'était vraiment pour moi, un truc pareil. Je suis né pour ça ! Et complètement regonflé pour attaquer la préparation des Jeux ! Sauf que...

*

Je rame, je rame et je réfléchis.

Au fil des minutes, c'est étrange, je prends ce report des Jeux comme une libération. Une occasion à saisir. Une invitation à me réinventer. Et en même temps, ça me fout sérieusement les jetons. Car cela signifie couper avec des personnes, des choses, qui illuminent ma vie.

À peine sorti de la douche, je compose le numéro d'Anne : « Anne ?

— Oui, Théo.

— Tu as entendu pour le report ?

— Oui, Théo, ça ne m'a pas échappé…

— Qu'est-ce que t'en penses ?

— L'important, c'est ce que tu en penses, toi.

— Écoute, Anne, plus le temps passe et moins j'ai envie de les faire, ces putains de Jeux.

— Oui, j'avais compris. Mais pose-toi d'abord les questions de base. Si tu suis ton instinct, à savoir renoncer aux Jeux paralympiques, qu'est-ce que ça peut t'apporter et qu'est-ce que tu devras sacrifier ? Alors, bon, tu vas prendre une feuille de papier, la diviser en deux colonnes et inscrire les plus et les moins en fonction d'une telle hypothèse – et ensuite, tu me rappelles. On est d'accord ?

— On est d'accord. »

À l'arrivée, le résultat est sans appel.

D'un côté, ne plus avoir à m'entraîner pour une cause qu'on sait perdue d'avance et pouvoir consacrer plus de temps à mes autres activités – conférences, médias… et, surtout, à la préparation de mon Défi Titicaca. Mais dans ce cas, je dois prendre une décision rapide : quitter Vichy et monter à Paris.

Dans l'autre colonne, il y a Charlotte – et tous ceux que j'aime, à Vichy. Comprendront-ils ? Me suivront-ils dans ma folie ?

On aura compris que j'ai quasi fait mon choix.

J'en suis presque soulagé

*

Pour le reste, je ne suis pas calmé.

À la maison, je fais chier tout le monde. Les mots de Maman me donnent encore le tournis : « C'est moi, Théo, qui quitte Papa. Je vais chercher un appartement… » Je la foudroie du regard. Je lui fais la gueule. Je suis désagréable avec elle. Ouvertement.

Je m'en ouvre à mes proches. On m'écoute, on me console, on me rassure. On me répète que mes parents ont le droit de refaire leur vie et je l'entends bien, je ne suis plus un gamin, mais c'est plus fort que moi, j'en veux à ma mère. Je l'accuse de détruire notre foyer.

Je réalise que le divorce de mes parents me fait plus souffrir aujourd'hui que ma maladie et mes amputations à six ans. J'essaie d'appréhender la raison. Et je comprends que ça ne vient pas d'eux, mais de moi. Pour les amputations, j'étais « préparé ». On m'expliquait ce qui allait se passer, je me sentais soutenu, accompagné. Et mes parents étaient soudés. Là, c'est le contraire. Ils sont séparés. Moi je n'ai rien vu venir, et eux ne m'ont pas « préparé » à cette situation.

À mes yeux, tout ce que nous avions traversé ensemble avait tissé un lien indestructible entre nous. Mais entre eux ? Est-ce que ce n'est pas moi, au fond, qui ai canalisé, capté, vampirisé, cannibalisé, épuisé tout l'amour, toutes les réserves émotionnelles de Maman pour les autres ? Je me pose un milliard de questions. J'endosse une forme de culpabilité. Pas de la situation, non. Mais de mon comportement inadmissible envers Maman – et, par ricochet, envers Papa et Océane. J'ai honte de moi. Je me sens misérable. Après tout ce qu'elle m'a donné. Après tout qu'ils ont fait pour moi. Ah oui, j'ai honte. Je suis dévasté par ma connerie. Par mon manque de jugement. Mais comment ai-je pu, comment ai-je osé me comporter comme ça avec Maman ? La juger ? Lui crier dessus ? La faire pleurer ? Et Océane avec ?

Qu'ils me pardonnent. Qu'ils m'aiment comme je les aime.

C'est l'occasion de dire deux mots sur ma grande sœur chérie.

*

Combien de fois n'ai-je pas entendu quelqu'un de notre entourage s'extasier : « Qu'il est courageux, Théo ! » À chaque petit « exploit » de ma part, à chaque pas en avant, j'étais félicité, applaudi, encouragé, fêté. Tout ce que j'avais envie de faire était pris en compte. Partout où il fallait que j'aille, on y allait. Les séjours à la Roche-Posay à recevoir des soins. À faire du pédalo sur un lac pendant six heures. À déconner avec Philippe Croizon. C'était génial pour un gosse de onze ans. Mais pour une jeune fille de quatorze ans ? Quel plaisir avait-elle à se fader des vacances dans des centres de cure ? Qui s'est posé la question à ce moment-là ? Dans la famille, un seul. Tonton Maurice, Momo, son parrain, qui aura lâché ce qu'il pensait, et à voix haute : « Océane s'est effacée pour laisser toute la place à son petit frère. »

Mais si Océane s'est effacée, c'est parce que lorsqu'elle a essayé de se faire remarquer, personne ne lui a prêté attention. Non que mes parents l'aient volontairement délaissée, ignorée ou mal-aimée, mais je suis devenu – par la force des choses – le centre du monde.

Ma petite personne nécessitait une veille constante, un souci permanent de compenser le malheur qui m'était tombé dessus du jour au lendemain. Il y avait urgence à s'occuper de moi ou à me gâter.

Tandis qu'Océane… Océane, ça allait. Océane, elle avait ses copines… Océane ne travaillait pas des masses à l'école, elle rêvait dans son coin, sans déranger personne ; alors vraiment, que lui reprocher à l'heure de signer son carnet ?

Déjà, toute petite, elle n'avait pas bénéficié des mêmes avantages que moi. Son père – qui n'est pas le mien – s'était évaporé dès sa naissance et ma mère a dû la faire garder pour aller travailler. C'était une nécessité. Tandis que moi, quand je suis arrivé, Maman a pu faire le choix de rester avec moi jusqu'à mes trois ans et me couvrir de caresses, de câlins, de baisers dont je ne suis jamais rassasié.

Des années plus tard, quand j'ai compris les dommages que ma maladie avaient causés dans sa vie, j'ai pensé : « Mais c'est elle, la plus courageuse dans l'histoire. C'est Océane ! Ce n'est pas moi ! »

J'ai eu cette phrase-là sur les lèvres à plusieurs reprises quand on se voyait à Noël ou à l'occasion d'un anniversaire. J'étais prêt à lui faire l'aveu qui nous aurait soulagés. Mais rien ne sortait de ma bouche. Je me sentais con de lui dire ça… Et aujourd'hui, je me sens plus con encore de ne pas avoir osé me confesser auprès d'elle. Eh bien, voilà. C'est chose faite.

Vous rendez-vous compte ? Depuis la première heure, je n'ai même pas su la remercier de m'avoir traité comme une personne « normale ». Elle s'est inquiétée pour moi, toujours soucieuse qu'on ne me fasse pas de mal, mais elle n'a jamais été condescendante à mon égard. Jamais. Parfois, on se battait pour de vrai : elle m'aurait marché dessus pour attraper le dernier yaourt au chocolat dans le réfrigérateur et ça, c'est un des plus beaux cadeaux qu'elle m'ait faits. Océane aurait pu se montrer mièvre, indifférente, jalouse. Rien de cela. Elle m'a aimé le plus discrètement possible.

En décembre 2021, elle a mis son bébé au monde, m'offrant un des grands bonheurs de ma vie. Me voici bombardé « Tonton Théo ». C'est une joie et un honneur.

Merci, Océane. Et c'est aussi l'occasion de te dire que je t'aime.

J'ai l'impression d'avoir toujours connu Théo avec son handicap, ce qui est bizarre parce que j'avais neuf ans quand la maladie est arrivée. Je ne comprenais rien à ce qui se passait car on m'a tout de suite mise de côté. Tout le temps où il est resté à l'hôpital, j'étais gardée par ma marraine et, un jour, Maman est venue m'annoncer qu'on allait amputer Théo des mains. Dans mon imaginaire de petite fille, j'ai tout de suite vu quelque chose de « gore », des moignons découpés à la tronçonneuse, sanguinolents, c'était cauchemardesque.

J'étais perdue.

Autant l'avouer, j'ai mal vécu le fait d'avoir été mise à l'écart. J'en ai beaucoup souffert à l'époque. Parce qu'en fait – avant d'atteindre un certain âge – je n'ai jamais pris l'infirmité de Théo au sérieux. Je ne le trouvais pas si gravement handicapé que ça et ne comprenais donc pas pourquoi toute l'attention devait tout le temps se porter sur lui.

Longtemps, j'ai cherché ma place dans cette famille, sans la trouver. J'ai voulu me distinguer. J'ai accumulé les bêtises. J'ai commencé à négliger l'école, à répondre, à avoir des lubies comme celle de me couper les cheveux moi-même. Je voulais absolument avoir des lunettes, alors j'ai prétendu que je ne voyais rien. C'était la promesse de bénéficier d'une série d'attentions : visite chez l'ophtalmologiste, examen des yeux, choix des verres, choix des montures… Dans ma logique de petite fille, je me suis persuadée que la seule façon d'exister au regard des autres, c'était d'avoir un « problème ». Théo en était la preuve et moi le contre-exemple. Mais je l'adorais, mon petit frère. Il était tellement drôle, tellement gentil. […]

Ce qui est étrange, c'est qu'en grandissant, plus Théo a pris d'assurance, moins j'ai eu confiance en moi. Plus il s'est épanoui, plus je me suis montrée réservée. Plus il a pris la lumière et plus je me suis tapie dans l'ombre.

La médiatisation a accentué le phénomène. Quand on n'a plus du tout confiance en soi, on n'a pas envie d'apparaître un peu quiche, un peu gauche. On se met en retrait et on se dit : « Moi, je n'intéresse personne. »

J'avais des copains, des copines, heureusement. Parfois, j'en parlais à Maman : « Je ne me sens pas "chez moi" dans cette maison. » Elle me regardait, étonnée. Elle ne comprenait pas. Elle pensait vraiment faire au mieux. En plus, Théo était très demandeur, très fusionnel avec sa maman. Il a toujours été – même bébé – beaucoup plus proche d'elle que je ne l'ai été.

[...] Je n'ai jamais dit tout cela à mon frère parce que je ne voudrais pas qu'il se sente coupable. Il n'y est pour rien, et mes parents non plus d'ailleurs.

J'ai quitté la maison à dix-huit ans pour construire ma vie à ma façon. Une vie de famille, un couple, un bébé, un appartement, un travail, un permis de conduire, des amis... Une vie simple. En suivant cette voie, j'ai retrouvé un peu de confiance et Théo m'a toujours poussée à croire en moi. Encouragée, rassurée.

Et puis, il m'a inspirée. Quand je commence à me plaindre de mon sort, je me dis : « Non mais arrête-moi ça tout de suite, Océane... Regarde Théo, regarde ce qu'il fait ! Tu n'as pas le droit de te sentir mal ou d'abandonner. Il faut que tu sois courageuse, comme lui. Il faut te battre. » Alors, j'essaie. Ce n'est pas toujours facile car je suis très sensible, je n'ai pas du tout sa force mentale. Ça, c'est clair et net. Il a ses moments de tristesse, lui aussi, mais il ne laisse jamais rien paraître. Par pudeur, par fierté. Et il a toujours cette force de se dire : « C'est pas grave, je vais rebondir. » Et juste derrière, il passe à l'action...

*

Donc, j'envisage de m'installer à Paris.

Donc, retour à Vichy.

Je viens rechercher mes affaires, ma voiture adaptée et la chaleur humaine de tous ceux qui comptent ici pour moi.

Charlotte est immergée dans ses études supérieures pour devenir infirmière. Elle ne me suivra pas. Elle restera proche des siens, à Vichy. Je n'ai pas été très adroit avec elle, c'est le moins qu'on puisse dire. J'ai sûrement été nul. C'est une fin douloureuse, compliquée. Mais quoi qu'il en soit, elle restera à jamais mon premier grand amour. Ma Charlotte *forever.*

Avec Fabien, on se tombe dans les bras l'un de l'autre. Je lui dis tout. J'ai le sentiment de l'abandonner au milieu du gué. Il me répond : « Vas-y, Théo, fonce. »

Ma première réaction a été : « Personnellement, j'aurais préféré qu'on termine par une médaille à Tokyo. Quel dommage d'abandonner un défi paralympique quand on a consacré une partie de sa vie à cet objectif. » Mais avec le recul, je me dis qu'il a eu raison. Théo, c'est mon petit frère – et j'y ajoute une touche de paternité. À ce titre, je constate qu'il a bien fait de partir sur autre chose.

Après Dublin, il s'est retrouvé avec des adversaires moins handicapés que lui. On a essayé d'alerter les responsables au niveau national afin qu'ils trouvent des solutions. Mais l'injustice a été validée par les instances françaises. On nous a dit : « C'est quoi, votre problème ? Vous ne comprenez rien ou vous voulez juste nous emmerder ? » Le système fédéral est figé, très compliqué à faire évoluer. On se demande même si ses membres ont l'envie, l'énergie ou la volonté de le faire bouger. L'injustice est approuvée, acceptée comme telle. Ce n'est pas de la négligence, c'est qu'ils sont complètement impuissants, ils n'ont aucun poids au niveau international. Ils ne veulent pas l'avouer ni dire aux gamins qu'ils n'y peuvent rien. Alors ils se retranchent derrière des réponses institutionnelles. Quand on sait ce qui se passe à l'international dans le sport handi, c'est n'importe quoi. On laisse faire et ça vivote dans l'iniquité la plus totale.

Si les critères de classification étaient révisés pour les Jeux de Paris 2024, c'est sûr, Théo aurait ses chances de médaille, mais en attendant... Son projet a du sens, il vit ses rêves, il fait ce qu'il aime, il gagne bien sa vie, ce qui n'est pas le cas de certains médaillés paralympiques qui se retrouvent sans argent, ni formation, ni métier, à l'âge d'entrer dans l'univers du travail... Et c'est encore plus flagrant dans le monde du handicap où, là, les perspectives sont quasi nulles.

Impassible, Fabien m'annonce qu'il n'a pas l'intention de me lâcher comme ça dans la nature. Ni à Paris, ni au Pérou, ni nulle part. Il dégaine son portable et compose un numéro : « Stéphane ? C'est Fabien, je te dérange... ? Bon, alors écoute, je t'envoie Théo... Mouais. Anne va t'appeler et te dire de quoi il retourne... Ah ça oui, attends-toi à du pas banal... Tu prends soin du petit... ? Merci, Stéphane, je t'embrasse. » Il raccroche.

Je lui demande qui je dois aller voir de sa part dans la capitale. Il sourit. Me dit que je l'ai déjà croisé à Vichy : « C'est Stéphane Garcia. Un crack entraîneur. Un de mes meilleurs amis. »

*

Un électrocuté, je suis. J'ai encore du mal à redescendre. À redevenir quelqu'un de fréquentable. Le seul remède, à mon humble avis, c'est que je m'en prenne plein la gueule et ça, ça devrait me calmer.

Alors en attendant le début de la préparation du Défi Titicaca, je cherche un challenge sportif à ma mesure, et je le trouve : le Half Ironman du 6 septembre 2020, aux Sables-d'Olonne. Natation, vélo, course à pied. Depuis toujours, je considère cette discipline comme un rendez-vous de timbrés, de fadas, de masochistes. Un truc pour moi, quoi. En m'inscrivant, je ne demande pas la lune mais juste l'opportunité d'en baver, de me vider, d'évacuer tout ce qu'il y a de mauvais en moi. L'ami Bilal Bourazza, mon préparateur physique, qui sera partant pour le Titicaca, m'entraîne sans concession. « Quel chrono tu vises, Théo ? » Mais je m'en branle, moi, du chrono ! Ce que je veux, c'est aller au bout. Le terminer. C'est tout, et c'est quand même monstrueux pour un mec comme moi. Je ne parle pas de mon handicap, mais de mon manque d'expérience dans la peau d'un triathlète.

Un Half Ironman, qu'est-ce que c'est ? La moitié d'un Ironman. Une course inventée aux États-Unis pour les triathlètes qui n'ont pas les capacités physiques des cadors de l'Ironman. Mais c'est le même esprit. D'ailleurs, le nom officiel, c'est « Ironman 70.3 », en référence à la distance globale à parcourir (en miles) soit cent treize kilomètres d'efforts : 1,9 kilomètre de natation (1,2 miles), 90 kilomètres à vélo (56 miles), 21,1 kilomètres de course à pied (13,1 miles). Pour un Ironman, c'est simple, on multiplie les doses par deux, et ça donne deux cent vingt-six kilomètres.

J'ai décidé de courir avec les valides. Je devrais y aller avec un entonnoir sur la tête. Mais je n'ose pas. Ma famille est là, avec des amis et entourée de gentils bénévoles qui m'ont proposé leur aide dans les chemins périlleux – je redoute les passages dans les sables.

On attaque par l'épreuve de natation. C'est de la rigolade. Rien de tel pour me mettre en confiance. Deux kilomètres dans le chenal, entre Les Sables et La Chaume, avec une avancée vers le large. Un jeu d'enfant.

Ensuite, place à l'épreuve de vélo, et là, je fais moins le malin. Quatre-vingt-dix kilomètres à parcourir. De ma vie, figurez-vous, je n'étais jamais monté sur un vélo de route. Pour l'occasion, un constructeur m'en a fabriqué un afin que je puisse poser mes moignons sur le guidon. Mais le prototype est arrivé très tard et je n'ai pu effectuer que deux modestes sorties avec.

Je démarre en trombe. À la Théo. Comme un con. Comme si je n'avais rien appris de la stratégie d'une course. À trente-cinq kilomètres à l'heure de moyenne, je tiens dix kilomètres et, à l'agonie, j'opte pour une position unique sur l'engin. J'ai mal au dos. Si je bouge, je me casse la gueule. Mes lombaires et mes épaules dégustent, mais alors…

Au bout de trente kilomètres, je suis au bout de ma vie. Je me ressaisis, mais au kilomètre soixante, je tombe de mon vélo et je m'explose. Sans casque, j'étais mort. Je remonte quand même sur la bête et j'en reprends pour trente kilomètres. J'ai des crampes aux fesses, aux cuisses. Mais pourquoi tu t'infliges ça, Théo… Jeter l'éponge ? Plutôt crever, oui. Et je m'arrache alors jusqu'à l'arrivée. J'aurai mis trois heures et cinquante minutes.

Et c'est là que les vraies emmerdes commencent. Des bénévoles m'empoignent et, tel un pharaon, je me laisse porter jusqu'au fauteuil que je vais utiliser comme substitut de la course à pied. On m'entoure les bras d'une épaisse protection parce qu'avec la vitesse, ça va brûler au contact des roues. Et vas-y, c'est reparti. Sauf que je m'enlise aussi sec dans le segment sableux qui me sépare de la route. Un gars me prend sur son dos et les autres courent derrière avec mon fauteuil : ça me rappelle Gibraltar, dis. Les gens crient sur mon passage : « Vas-y Théo, oh, oh, oh, oh… » La force me revient, va savoir comment, et je fais tourner les roues de mon fauteuil aussi vite que je peux. En bon dernier, je suis seul sur la route et, au terme de vingt et un kilomètres, tremblant d'épuisement, je franchis la ligne d'arrivée de mon premier Half Ironman, en six heures et cinquante-trois minutes.

Dépoitraillé, tête baissée, je me mets à pleurer. Des micros me sont tendus. Pourquoi ces larmes ? « Ce sont des larmes de fierté, des larmes de plein de choses. J'en ai chié toute l'année et dans des moments comme celui-là, ça fait du bien de chialer… »

En vérité, il y a une autre raison à ces larmes.

Sur la plage, ce matin-là, je me retrouve à prendre la température de l'eau dans ma combinaison quand un enfant vient à moi. Je lui demande son âge. Il a sept ans. Il est d'une blancheur cadavérique. Il a le visage triste. Il s'attarde sur mes membres amputés, semble surpris, et me lance : « Mais tu vas vraiment faire le semi-Ironman ?

— Oui, et j'ai la trouille, tu sais. C'est mon premier. Et toi, qu'est-ce que tu fais ?

— Ben moi je… J'ai une maladie… J'ai… une leucémie. »

J'encaisse le choc.

Je pose mes moignons de bras sur ses deux épaules. Et je le bombarde de douceur, de joie, de complicité – d'amour. Et au fur et mesure que je lui parle, que je lui raconte, que je l'encourage, je vois son visage se détendre, s'illuminer. Son sourire s'élargit. J'observe les premières étoiles dans ses yeux.

Dans ce regard, c'est Théo enfant que je vois.

Chapitre 16

C'est une douce soirée de printemps de l'année 2021, entre le village de Cassis et les Calanques, avec une vue de folie sur la falaise du cap Canaille. Aux Roches Blanches, cet hôtel cinq étoiles posé sur les vestiges d'une maison construite en 1887, et dans ce paysage d'une majestueuse élégance qui, de Winston Churchill à Édith Piaf, aura vu défiler du beau monde, voici donc nos deux héros, Anne Bayard et Théo Curin, attablés à la terrasse des Belles Canailles. Nous levons nos verres et portons un toast à notre équipage. À nos sept années d'alliance dans le travail. À nos sept années de vie commune, de connivence, de larmes et de fous rires. Et nous attendons nos filets de rouget et notre poulpe sauvage en essayant de ne pas trop glousser. C'est nerveux. Car un tel luxe nous amuse.

Mais je ne suis pas là pour me dorer la pilule. Je tourne sous la direction de Camille Summers-Valli – cette jolie Britannique est une star, une véritable « épée » du film publicitaire – et j'ai l'honneur de représenter la marque Biotherm. Après David Beckham, Bixente Lizarazu, le skipper François Gabart et quelques autres, je rejoins le groupe des ambassadeurs, des « égéries hommes », des *Water-lovers* qui militent pour la préservation de l'environnement, et j'en suis fier. C'est une philosophie à laquelle j'adhère sans retenue : « Prendre soin de sa peau, en prenant soin de la planète et de son poumon bleu, l'océan. » Je suis bien placé pour apprécier.

Ce jour-là, c'est Hollywood dans les Calanques. Je n'ai jamais vécu un truc pareil. Camille a une armée de soldats à sa disposition. Si j'ai soif, l'assistant d'un assistant de l'assistant m'apporte un verre d'eau. J'ai l'impression d'être traité comme un roi.

Entre eux et moi, c'est une histoire qui dure maintenant depuis trois ans, et franchement, être venu chercher un nageur handisport, un quadri-amputé, chapeau à eux ! En 2019, on démarre à petite vitesse avec des publicités digitales. Et puis, l'année suivante, on accélère. Avec Guillaume Néry, un apnéiste de légende – à son compteur, quatre records du monde d'apnée en profondeur et deux titres de champion du monde –, on nous envoie tourner un film à Tenerife, dans l'archipel des Canaries, au large de la côte ouest de l'Afrique. Numéro 1 mondial des cosmétiques pour hommes, la marque est synonyme d'eau pure. Et à ce titre, ensemble, nous nous mobilisons pour alerter les consciences, l'opinion publique sur la pollution des eaux. Bouteille d'air comprimé dans le dos, nous descendons, et en matière de beauté, de liberté, d'apesanteur, je n'ai jamais assisté à un tel spectacle. Cela dépasse tout ce que j'ai pu imaginer et je me revois à la fois à l'aise et minuscule. Mais cette plongée incroyable, sublime, dans les crevasses de l'océan se termine sur une grimace. Un dégoût. Des déchets plastiques tapissent les fonds marins. On remonte des sacs à la surface. Pour bien les montrer. Ce sont les ennemis de la vie.

Cette fois-ci, donc, c'est quarante-huit heures aux Roches Blanches, à Cassis. L'équipe du tournage monopolise, semble-t-il, toutes les chambres de l'hôtel. J'apprécierais sûrement davantage ce mélange d'Art déco et d'Art nouveau, les subtilités du fer forgé finement travaillé comme un dessin à l'encre de Chine, ces colonnes aux tons ocre et cette rampe d'escalier en écaille, si je n'avais pas oublié à Paris… le chargeur de mon iPhone ! C'est que je passe des plombes sur mon portable, moi, et je suis en panique devant le concierge !

Dans ma chambre, qui fait la taille d'un bassin olympique, je me marre à la vue du *king size bed* sur lequel je retrouve mes réflexes et mes joies d'enfance sur les trampolines… quand soudain, j'entends qu'on frappe à ma porte. J'ouvre. Devant moi, un jeune homme en uniforme, qui me tend son plateau d'argent. Dessus, un chargeur tout neuf, dans son emballage d'origine. Et une carte : « Avec les compliments de la maison. »

Ce n'est pas la vraie vie, ça, je le sais bien. Je fixe la corbeille de fruits qui me fait de l'œil. Sans aucun doute, là, oui, je suis vraiment entre les mains de Merlin l'Enchanteur. Mais quand on s'est fait amputer des quatre membres à l'âge six ans, on s'autorise à savourer ces quelques moments d'exception.

Pour le tournage, je redescends sur terre. Je suis concentré, à l'écoute de Camille. Mais quand on me coiffe, quand on me maquille, m'épile, me peigne les sourcils, m'éponge les tempes, je redeviens le Théo de Lunéville et je remercie toutes les personnes d'un sourire. Depuis toujours, c'est comme ça, je suis parfois plus à l'aise avec un sourire qu'avec des mots.

*

C'est vrai que mon portable, j'avoue, j'ai du mal à faire sans. Le truc, c'est que je suis devenu accro à Instagram, j'y passe un temps fou ! J'ai ouvert mon compte à Vichy, en 2014 – et à l'époque, on ne se bousculait guère à mon portillon. Aujourd'hui, j'ai 156 000 *followers* et ils forment ma « communauté ». Nous nous apprécions mutuellement. Cette « famille » me stimule, je la sens derrière moi, je pense à elle, je vis avec elle. Elle est très sportive et se compose aussi bien de gens valides que de handicapés. Elle est féminine à 63 % et, à 85 %, son âge moyen oscille entre vingt-cinq et trente-quatre ans.

Aux membres de notre « club », je donne régulièrement de mes nouvelles, et en même temps je ne peux pas dialoguer avec 156 000 personnes. Cela étant, je m'efforce de répondre, de partager systématiquement avec les enfants handicapés, les mamans d'enfant handicapé ainsi que les personnes accidentées – ce sont essentiellement des jeunes femmes – qui émergent d'une épreuve lourde, grave. En privé, entre leurs angoisses, leurs interrogations pratiques et leurs questions intimes, j'essaie de leur apporter du réconfort et des éléments concrets pour rebondir. Avec mon vécu, je pense être plutôt crédible sur ces questions-là et utile à des êtres qui sont dans un total désarroi.

Ce qui revient souvent sur la table, ce sont des problématiques d'ordre sexuel. Genre : « Et toi, Théo, comment tu t'en sors ? » Ma vie sexuelle est celle de n'importe quel garçon de mon âge. Je suis capable de donner du plaisir à une femme – et je suis capable d'en recevoir. Voilà. C'est pas plus compliqué que ça. Je préférerais vivre à nouveau une belle, une grande histoire d'amour. Mais ce n'est pas le cas. Dès lors, ça ne me gêne pas de rentrer en fin de soirée avec une jeune fille. Tant qu'il y a une forme d'attirance bien sûr. L'amour, c'est le seul domaine où j'accepte de me faire aider. Autant je veux tout faire tout seul dans la vie quotidienne, autant j'adore qu'une fille me passe de la crème dans le dos, m'aide à défaire ma braguette, à renouer mes lacets. J'y vois une forme de poésie.

Retour à nos 156 000 followers.

Avec eux, désormais, je suis censé régner sur une nouvelle galaxie : celle des « influenceurs ». En clair, c'est la loi des grands nombres qui rend possibles des placements de produit dans le cadre de campagnes digitales. Quand Anne me les soumet, je ne dis oui qu'à des trucs qui font réellement partie de mon quotidien – rasoir, dentifrice, boisson énergisante… Et dans ces cas-là, soit une équipe vient tourner sa vidéo chez moi, soit je la tourne moi-même en selfie. Sur mon compte Instagram, la vidéo dont je suis le plus fier, c'est celle avec l'armée française. Je suis un cocardier dans l'âme, *Marseillaise* à fond et enroulé dans le drapeau bleu-blanc-rouge. Quand j'ai été champion de France, vice-champion d'Europe ou vice-champion du monde, et que je voyais nos couleurs hissées le long d'un mât, ça m'a toujours bouleversé. Il en va de même quand je vois nos soldats qui s'en vont risquer leur vie pour protéger des populations ou encore servir de rempart, de bouclier, face à l'obscurantisme. J'aimerais tellement être des leurs, être à leurs côtés, et je l'assume totalement.

*

Sinon, côté « art et business », je suis toujours dans *Vestiaires,* la mini-série taquine sur les handicapés, qui est programmée le samedi soir sur France 2.

Par ailleurs, je figure dans une web-série, *Tous héros*. Le principe ? Un ancien champion valide se met dans la peau d'un handicapé. On a commencé avec Alain Bernard, qui a nagé les poings fermés et les jambes attachées. On lui a aussi fait faire de l'aviron avec la seule force des bras, puis une partie de goalball – la version handball pour les déficients visuels. Ce n'était pas triste. On s'est bien amusés.

Pour « Le Magazine de la santé », sur France 5, j'assure des chroniques où Marina Carrère d'Encausse me laisse carte blanche. Je m'intéresse aux parcours compliqués, aux fêlures psychologiques des personnes, connues ou non, qui se sont reconstruites grâce au sport. Par exemple, Colin Nadeau, ce rugbyman agressé sexuellement par son cousin à l'âge de dix ans. Ou la méchante dépression de Christophe Dominici en 2000, prémonitoire d'une tragédie annoncée.

Et puis je multiplie les conférences. J'y raconte ma vie. Je suis face à un public de chefs d'entreprise, de cadres supérieurs, d'employés – et, en gros, ça ressemble à un *stand-up*. Anne est sans pitié sur la qualité de mes prestations. À Marseille, un jour, je me souviens, je me pointe en retard et sans véritable préparation. À la fin, blanche comme un linge, Anne déboule dans ma loge : « C'était mauvais, ce que tu as fait. Il n'y avait aucune émotion ! » Ce n'est pas très agréable à entendre, mais elle avait raison. Quelques jours après ce fiasco,

Anne m'annonce que j'ai une conférence à Disneyland et celle-là, je la prépare comme les championnats du monde. Il y a plus de mille personnes qui m'attendent. Dans les premiers rangs, je repère le boss de Coca-Cola France et le grand manitou de Coca-Cola monde. L'homme qui me présente et qui va converser avec moi sur le « ring » n'est autre que monsieur Richard Dacoury, « Flying Dac » ! Un mythe. L'honneur du basket français.

Je me lance. Je me raconte et j'envoie du bois. Je mets mon cœur à nu et je me confie à tous ces gens. Et à un moment, je vois des larmes qui commencent à couler sur les joues de Flying Dac… Je termine ma conférence sur un petit nuage…

*

Et puis, il y a mon nouveau partenariat avec une grande marque de vêtements de sport. Question qui tue : pourquoi les fringues destinées aux handis sont-elles toujours aussi moches et, disons-le, carrément immettables ? J'ai cessé de m'interroger depuis ma rencontre avec les stylistes de la maison Lacoste. Chez eux, en interne, s'est créée une « capsule Théo Curin ». Et nous sommes partis sur une ligne comprenant un polo, un tee-shirt, un sweatshirt, une doudoune sans manches, une casquette et un sac à dos. J'ai eu le privilège de tester les matériaux. À partir de mon expérience compliquée, frustrante, avec les boutons de leur fameux polo, j'ai plaidé pour les remplacer par des aimants, et j'ai été trop heureux d'assister à la naissance d'un modèle original qui pourra être porté par tout le monde, les valides comme les handicapés. Cette « capsule » est la première collection pensée et créée par un athlète handisport.

Parce que oui, on peut être handicapé et rester sensible à une certaine élégance décontractée !

*

À l'été 2021, je passe des castings pour décrocher un rôle dans le téléfilm *Handi Gang*, une fiction mettant en scène des lycéens handicapés qui créent un gang dans le but de dénoncer le manque d'accessibilité et de considération qu'ils subissent au quotidien. Ils font toutes les conneries du monde, se font arrêter par les flics et se confrontent aussi à des voyous, des durs de durs. De la castagne, il y en a. Par moments, ça cogne sec, et moi j'irai de bon cœur, je me ferai vraiment défoncer la gueule. À cela, il faut ajouter les rapports complexes entre Sam (moi) et sa maman chérie (Alessandra Sublet). Dans *Handi Gang*, produit par TF1, la détermination et la puissance de conviction de la réalisatrice, Stéphanie Pillonca, alliées aux arguments de ma visionnaire attitrée (Anne), ont finalement emporté le morceau. Après Théo le nageur, voici Théo le comédien – d'autant plus qu'au même moment France Télévision me propose d'intégrer la série *Plus belle la vie* ! Depuis le début, Stéphanie me répète : « C'est toi que je veux. » Et c'est ainsi qu'elle a accompli le premier grand rêve de ma vie en m'offrant mon premier grand rôle.

Sa force vitale, son sourire, sa gueule d'amour, tout ça, c'est très attirant mais ça ne suffit pas. Pour jouer, il faut incarner. Et avec Théo, on a affaire à un acteur né. Il a le sens du jeu, du rythme, de la dramaturgie, des séquences et de l'enjeu des séquences. Il joue comme il parle – avec sa franchise, sa transparence, son honnêteté. Dans toutes ses émotions, il est juste. C'est une nature. Il a en lui ce naturel qui est tellement rare et que tous les acteurs veulent avoir…

*

Le 5 août 2021, soit presque trois semaines après le début du tournage d'*Handi Gang*, je commente sur Eurosport le dix kilomètres en eau libre aux Jeux de Tokyo. Pour cause d'impératif professionnel, le 25 août, je manquerai le deux cents mètres nage libre dans ma catégorie S5 aux Jeux paralympiques. Mais je le verrai en différé. Comme prévu, c'est l'Italien Francesco Bocciardo qui se promène et décroche sa médaille d'or avec près de neuf secondes d'avance sur l'unijambiste espagnol.

Daniel Dias, Daniel l'Intouchable, le demi-dieu de Campinas, termine troisième. Il n'avait aucune chance.

J'ai de la peine pour cet immense champion.

L'injustice a triomphé.

Chapitre 17

En ce matin de juin 2020, il vient m'accueillir à la porte A de la Croix-Catelan, l'écrin de charme du Lagardère Paris Racing, adossé à l'un des lacs du Bois de Boulogne.

« Bienvenue à toi, Théo. »

On se connaît vaguement. On s'est croisés à Vichy, on a même déjeuné une fois avec Fabien et j'ai souvenir qu'on a bien rigolé. Alors d'entrée, ce jour-là, on se claque la bise, on se prend par l'épaule et on s'adopte – question de feeling – dès la première seconde. À cinquante ans, avec son accent aveyronnais, ses yeux vifs et son demi-sourire, Stéphane Garcia assure la direction des espaces nautiques de ce club ancestral. Vingt années d'expérience dans l'enseignement, la formation, l'entraînement. Au passage, Stéphane a été le maître de stage de Fabien, mon coach vénéré de Vichy. Les deux hommes sont devenus des amis chers, des presque frères.

« Attends-moi là. »

Il se dirige vers un bâtiment où se trouve le secrétariat et en ressort aussitôt avec une carte qu'il me tend. Une carte à mon nom. Me voici donc membre de ce club prestigieux ! Qui aura vu défiler de sacrées gloires de la natation française : Christine Caron, Alain Gottvallès, Stephan Caron, et jusqu'à Amaury Leveaux.

Je pense alors qu'il va me conduire jusqu'aux vestiaires qui jouxtent le secrétariat, mais il m'entraîne directement vers un angle du grand bassin olympique, au fond à droite, près d'un escalier que je descends non sans émotion. Il y a là des douches, des toilettes et deux vestiaires réservés aux légendes vivantes. L'un est celui de la reine « Kiki » Caron en personne. Et l'autre, c'est la surprise du chef que m'a réservée Stéphane, ce sera le mien.

On remonte à la surface et Stéphane enchaîne : « Fabien m'a juste dit : “Il va avoir besoin de toi.” » Depuis, sur le pourquoi du comment, Anne est passée par là. Elle lui a dévoilé notre « Défi Titicaca ». Il sait à quoi il doit me préparer.

Avec Stéphane, on évoque le principe de quatre séances d'une heure par semaine. On part là-dessus et, tout en laissant derrière nous le bassin et les plots de départ, il me présente à quelques-uns des membres.

J'introduis Théo auprès des nageurs inconditionnels – les fidèles parmi les fidèles, des nageurs de tous âges qui vont partager la passion de Théo, l'encourager et, pour l'un d'entre eux, s'inscrire parmi les partenaires les plus généreux du Défi Titicaca. En un rien de temps, Théo va devenir un proche de ce petit monde bienveillant. Se faire adopter comme un des leurs.

Dans cette Croix-Catelan si verte, si fleurie, d'où l'on voit la tour Eiffel en alignant les longueurs, Stéphane me met à l'aise à un degré incroyable et, sans hésiter, j'ose lui balancer ce que j'ai en tête. Voilà, c'est simple : j'aimerais nager les cent vingt-deux kilomètres de la traversée du Titicaca avec des plaquettes fixées à mes bras amputés – car pour la vitesse, ça envoie vraiment, ces trucs-là, ah ça c'est sûr, mais jusque-là je n'ai jamais nagé très longtemps avec – et puis aussi, pendant qu'on y est, j'aimerais me servir de palmes. Apparemment, les palmes, il s'en fout. Ce sont les plaquettes qui mitigent son demi-sourire : « Sur une telle distance, nager avec tes plaquettes, ça va être traumatisant pour tes épaules. Et là, crois-moi, mon cher Théo, tu risques une tendinite si tu ne mets pas en place un programme spécifique de prévention des blessures. En gros, ce sont des mouvements à accomplir autour de la proprioception de tes épaules.

— Ah, ouais, d'accord… Et à ton avis, qui pourrait s'en charger ?

— Moi. »

Je vous jure que c'est rassurant d'avoir un Stéphane dans la partie !

Il me raccompagne jusqu'à l'entrée du club. Et m'en envoie une petite dernière pour la route : « Et votre trio, vous en êtes où, là ? »

*

Pour être franc, on vient d'essuyer deux refus. Mais la nouvelle personne contactée fait plaisir à entendre. Ce n'est autre que celle qu'on a surnommée « le sourire de la natation française » : Malia Metella, médaille d'argent au cinquante mètres nage libre aux Jeux d'Athènes de 2004. Née à Cayenne, en Guyane, cette championne au palmarès interminable est, à l'heure où je l'appelle, âgée de trente-huit ans – et rangée des bassins. Elle a raccroché son maillot et ses lunettes de nage en novembre 2009 en évoquant son « dégoût de l'eau, du chlore – et de faire [son] sac. » Elle a repris ses études et s'est lancée avec brio dans la vie active. Bref, quand je décroche mon téléphone pour lui raconter mon histoire de Titicaca, je me dis que c'est pas gagné d'avance. Et là…

Et là, j'explose de rire… Avec Théo, on s'est croisés plusieurs fois mais je ne le connais pas plus que ça. Après l'avoir écouté jusqu'au bout, son projet me titille quand même un peu et je lui dis que ça mérite une certaine réflexion. J'appelle alors mon ex-coach de cœur, Stéphane Lecat, et je lui demande s'il me sent capable de relever un pareil défi. Il me répond : « Oui, tu en es capable et ça va te sortir de ta zone de confort. » Une heure après, je rappelle Théo. Je lui dis que j'en ai parlé avec Stéphane Lecat et qu'il m'encourage à prendre un tel pari. Je lui précise que mon sacrifice majeur, ce sera de raser ma coiffure afro. C'est ma façon à moi de lui dire oui.

Ce *oui* de Malia Metella vaut de l'or. Lorsque j'en parle à Anne, le nom de Stéphane Lecat ne tombe pas dans l'oreille d'une sourde. Car c'est la référence absolue, une sommité de la nage en eau libre. Alors âgé de quarante-neuf ans, il dirige cette discipline de l'eau libre au sein de la Fédération française de natation. Anne bondit sur son téléphone et lui propose aussitôt « la botte ». C'est-à-dire coacher les trois nageurs, programmer les stages et baliser les quinze mois de préparation, le tout en étroite collaboration avec Stéphane Garcia qui, lui, nous prendrait tous en main dans la piscine olympique de la Croix-Catelan. Comme par hasard, les deux Stéphane se connaissent et s'apprécient *énormément*. Mais très occupé par ses fonctions, Lecat demande un délai de réflexion. Il ne nous reste plus qu'à prier : si on a les deux Stéphane avec nous, alors là, on a une équipe de fer.

Coacher les trois nageurs… Pour l'heure, on n'est encore que deux, mais le troisième homme est déjà dans la boucle. En vérité, il nous est tombé du ciel. À la base, Matthieu Witvoet est venu nous parler, à Anne et moi, d'un « TEDx », à savoir une série de conférences menées par des intervenants sur la thématique des mains : mains d'agriculteurs, mains d'artistes, mains d'ouvriers, mains de chirurgiens, mains d'artisans. Le titre : « Faire, notre monde à portée de main ». Et il me demande si j'aimerais assurer une de ces prises de parole. Thème amusant pour quelqu'un qui n'a pas de mains ! Mec brillant. À vingt-sept ans, évoluant dans les cercles du *social business*, c'est un aventurier engagé et un conférencier pour qui « les symboles à abattre sont le plastique et le mégot de cigarette ». Il est comme moi, Matthieu : en guerre contre la pollution des océans. Il a fait ses études dans un campus en Angleterre, à Loughborough où s'entraînent les meilleurs nageurs anglais. Mais il s'est surtout fait connaître en 2017 par un tour du monde à vélo avec son cousin. Un an à pédaler à la découverte des solutions locales mises en place face aux déchets plastiques, dix-sept pays, dix-huit mille kilomètres sur le guidon. Puis il a enchaîné avec une traversée à la nage du détroit de Gibraltar avec sa copine. Et il parle couramment espagnol. Suivez mon regard.

Avec Anne, on ne lui déballe pas tout de suite notre projet, on tourne autour du pot. Pas un mot sur le Défi Titicaca.

Anne et Théo m'invitent à déjeuner au prétexte de détailler la conférence que je leur ai proposée

– « Faire, le monde à portée de main » – mais à leur attitude, à leur impatience teintée d'excitation presque enfantine, je sens bien qu'ils me cachent quelque chose.

En fait, je suis en train de passer un entretien d'embauche en mode « devinette », mais je ne le sais pas encore. Plus tard, j'apprendrai leur code secret : « On le sonde, et si on pense tous les deux que c'est l'homme providentiel, on se fait un signe – on se tape "discrètement" sur la jambe – et on lui parle de Titicaca. Dans le cas contraire, on prend seulement date pour la conférence. » Je crois bien que c'est Théo qui a dégainé le premier.

Avec Anne, on se tape discrètement sur la jambe. Alors je joue les innocents et j'attaque bille en tête : « À ton avis, quel est le plus haut lac navigable du monde ?

— Le lac Titicaca.

— Tu y es déjà allé ?

— Oui.

— Tu en as gardé quel souvenir ?

— Un souvenir glacé.

— C'était comment ? Vas-y, raconte…

— Eh bien, j'ai ce souvenir de vacances avec mon père. Je devais avoir dix-neuf ans. On voulait se baigner mais l'eau était si froide qu'on n'arrivait pas à rentrer dedans. On a pris l'option de se mettre au bord, dos au lac, et de se laisser tomber en arrière, tout en douceur, sans bouger, en restant bien droit. On a été saisis par le froid. Alors mon père a crié et on est remontés sur la berge. Voilà. »

C'est lui.

C'est notre homme.

C'est la perle rare.

C'est lui qu'il nous faut.

Alors, au sens figuré, on se déshabille. On lui balance tout. L'équipée. Le radeau. L'écologie. Et, de façon très naturelle, le courant passe entre nous. Il pose des questions, il a l'air intéressé. Il émet des réserves quant à son potentiel de nageur face à un tel challenge, Anne le rassure. Genre : il suffit de nager. Il sourit poliment et nous demande de lui laisser jusqu'à demain pour donner sa réponse.

On est plutôt confiants. Et puis le lendemain, boum ! On se prend un bon coup de massue derrière le crâne. C'est la consternation. Sa réponse est : « Non, désolé, je suis déjà engagé sur trop de projets cette année. » Et puis, comme il me l'avouera plus tard avec une désarmante franchise, il a des craintes plus profondes.

Des craintes qui viennent de moi.

Par expérience, je sais qu'un des facteurs qui peuvent faire capoter une expédition, c'est le facteur humain. Certes, j'ai un très bon feeling avec Théo, mais j'ai aussi en face de moi une espèce de star des réseaux sociaux et, en vérité, j'ai peur de ça. Pour moi, quelqu'un qui est à fond sur les réseaux, c'est forcément une personne égocentrique, tournée sur elle-même, qui raconte son histoire en direct, qui publie des photos de sa tête. Je conçois qu'il y ait là-dedans un côté cool pour les jeunes mais ce n'est pas ce à quoi j'aspire pour une expédition aussi difficile. En même temps, cette aventure m'intéresse. J'en parle à mes boss qui m'encouragent à y aller : « C'est un truc de dingue, franchement, réfléchis avant de passer à côté. Regarde comment tu peux t'arranger avec le boulot, c'est tout. » Alors je rappelle Anne, puis Théo, pour leur demander un temps de réflexion supplémentaire, mais je ne dis toujours pas oui…

En substance, Matthieu me fait comprendre qu'on ne traverse pas le lac Titicaca comme on va à la pêche. Il veut être sûr d'être en capacité d'encaisser la préparation et, une fois sur le lac, de pouvoir répondre à nos attentes. Il me demande de le faire tester. C'est un garçon pragmatique : il veut d'abord savoir si son niveau est, ou sera, suffisant pour nager avec Malia et moi, à tour de rôle, en tractant une embarcation de cinq cents kilos sur cent vingt-deux kilomètres. Ce réflexe si sain, si responsable me conforte dans mes intuitions. Ce sera Matthieu et personne d'autre. Dès le lendemain, je le présente à Stéphane Garcia et le voilà qui trace dans un couloir de la piscine du Racing. À la fin de sa prestation, Stéphane le rassure : « Quatre séances par semaine plus les stages de préparation prévus, et ce sera bon. »

Mais ce n'est pas fini. Matthieu me propose qu'on aille dîner tous les deux, le soir même, dans un restaurant italien en bas de chez moi, à Boulogne. On s'assoit, on commande et Matthieu donne tout de suite un tour sérieux, presque grave, à la conversation : « Dis-moi, Théo, concrètement, pourquoi tu veux faire ça ? Parce dans les moments durs – et il y en aura, forcément – si toi et moi on n'est pas alignés sur ce pourquoi, crois-moi, ça se passera mal. À un moment, il y en a un des deux qui se dira : "Eh bien moi, je ne suis pas prêt à aller aussi loin parce que je ne vois pas l'intérêt de dépasser cette limite…" »

Je trouve sa question très intéressante mais quelque peu angoissante, écrasante, austère. Pas évident pour moi d'y répondre sur un mode équivalent. Je trouve qu'on peut aborder des choses importantes en associant l'humour et la légèreté. On commence à admettre qu'on est différents l'un de l'autre, mais sûrement complémentaires. À partir de là s'engage un échange à la manière d'une partie de ping-pong, très drôle, inoubliable. On sent alors une vraie complicité naître entre nous, en dépit de nos particularités, nos contradictions, nos divergences. Matthieu a eu raison de crever tous les abcès qui le travaillaient. Il a confiance en moi, moi en lui, et notre mode de communication devient limpide.

Je bombarde Théo de questions. J'ai besoin de connaître un peu mieux son histoire : « Dans ta vie, qu'est-ce qui t'a rendu le plus fier ? » *Et là, il s'ouvre complètement, alternant anecdotes et souvenirs douloureux, éclats de rire et silences… Je découvre un garçon qui fait les choses très sérieusement mais sans vouloir le laisser paraître. Beaucoup de travail en profondeur et une relative désinvolture en surface. Pas du tout le genre à se la péter, ni à se mettre en avant. Sur les sujets environnementaux, il m'avoue ne pas être un expert, mais il est très sensibilisé, il veut en faire son cheval de bataille. Il souhaite aussi prouver – et se prouver – qu'il est capable de décrocher de l'or. Ce n'est pas une médaille paralympique mais pour lui, aller au bout de l'aventure, ce sera tout comme. Et le fait d'entreprendre une aventure collective, alors ça, ça l'emballe. C'est son graal.*

Et ce soir-là, Matthieu me dit oui.

Je suis soulagé de le savoir avec nous. Je suis fou de joie. Carrément.

Et comme un bonheur n'arrive jamais seul, dans la foulée, Stéphane Lecat nous annonce qu'il est partant. Pour un tel défi, on ne pouvait espérer mieux ! D'autant que vient se joindre à la petite bande Bilal Bourazza, mon préparateur physique. Pour la prévention des tendinites à l'épaule, il va prendre le relais de Stéphane. Et adresser des programmes adaptés à chacun des membres du trio. Voilà. On peut commencer à s'y voir.

On peut surtout commencer à se connaître – et en baver. Car arrivent les premiers stages.

*

Ce 6 octobre 2020, on se frotte à la pièce d'eau de la base nautique de Longueil-Sainte-Marie, située à quelques encablures de Compiègne. Et cette satanée flotte affiche seize degrés. Sous le regard clinique de Stéphane Lecat, Malia, Matthieu et moi y entamons nos premières longueurs, vêtus d'un simple maillot en bain. À seize degrés, on ne met pas de combinaison quand on a la prétention de traverser le lac Titicaca à la nage. Nous tenons une demi-heure à tout casser. Et ressortons aussi congelés que trois saumons en promo chez Picard. On devra rester une bonne heure dans le chalet à claquer des dents avant de se réchauffer.

En clair, ça promet.

Sur ce lac perché dans la cordillère des Andes, tout là-haut, à trois mille huit cent douze mètres d'altitude, l'air est très pauvre en oxygène (trente pour cent de moins qu'au niveau de la mer) et l'amplitude thermique entre la nuit et le jour te fout sérieusement les jetons. Novembre ou décembre – quand nous envisageons la traversée – sont censés être les mois les plus chauds de l'année. Mais la température moyenne avoisine les douze degrés : si elle atteint vingt-cinq en journée, la nuit ça peut descendre entre zéro et moins cinq. La température de l'eau, elle, sera d'environ dix degrés quand nous serons sur place.

Originaire de Picardie, Stéphane Lecat est le régional de l'étape. Lors de ce premier entraînement, il nous délivre un exposé théorique et pratique. Il nous invite à coordonner nos emplois du temps et nous aide à préciser nos missions respectives quand nous serons tous les trois à nous les geler sur le lac. Car il y a un nombre incalculable de tâches à accomplir : faire les points GPS, s'occuper des combinaisons, du matériel, de la bouffe, des temps de récupération, et puis aussi se préoccuper du sommeil, des boissons chaudes – que sais-je encore ? Chacun doit savoir qui fait quoi. Plus tard, on affinera avec des configurations de nage à un, à deux, à trois, selon les conditions – vents, courants, contre-courants – et les inévitables incidents de parcours.

Stéphane nous communique nos premiers bulletins de notes.

À ce premier entraînement, je constate que Théo est prêt physiquement. Mathieu est peut-être un peu en dessous, avec quelques soucis d'épaules, mais il dégage une force certaine. Malia, en revanche, a des problèmes de dos. En fait, dans une performance, il y a l'aspect technique, l'aspect mental et l'aspect physique. Les trois nageurs sont à des niveaux différents dans ces trois domaines, ce qui d'ailleurs rend la préparation intéressante. Car à l'heure d'envisager l'imprévisible, il va falloir prévoir la capacité de chacun à optimiser ses points forts pour aider l'un ou l'autre à traverser un moment difficile. Exemple : les formidables capacités mentales de Malia peuvent alléger Théo ou Matthieu face à une grosse difficulté et les empêcher d'entrer dans une spirale trop négative. Et eux, ils ont la capacité de nager quelques heures à sa place pour lui permettre de reposer son dos.

Pour moi, Malia, c'est un peu le visage de la « maman ». Un visage aimant, rassurant. Si j'ai besoin d'un coup de main, elle m'aide à m'habiller et le fait naturellement…

Si on résume, je suis une fille entre deux garçons, mais ils ne me prennent pas toujours pour une fille ! Pour eux, je suis le troisième mec.

Durant toute la préparation, nous nous efforcerons – en général, c'est le vendredi – de nous retrouver sur ce « camp de base » proche de Compiègne tous les quinze jours hors période de stage. On y poursuit le programme avec les essais des combinaisons personnalisées qui devraient nous protéger du froid. Conçues par l'un des spécialistes du triathlon et de la natation, ces secondes peaux nous sont livrées sur place. Avec la solennité d'une remise de maillots de rugby en équipe de France.

*

Quand nous ne sommes pas ensemble, nous nous entraînons à la piscine olympique de la

Croix-Catelan. C'est un bonheur d'aller s'entraîner là-bas. Il nous arrive de nous croiser, mais nous nageons rarement aux mêmes horaires. Entre les tournages, les opérations pour les sponsors, les conférences… je dois souvent jongler avec mon emploi du temps pour être à l'heure. J'en peux plus de galérer dans les embouteillages ou les transports en commun ! J'envisage de passer mon permis moto et de m'acheter un scooter spécialement aménagé pour moi. Quand je lui dis ça, Stéphane Garcia blêmit.

Le sport favori de Théo, c'est de gratter du temps. Sa grande phrase ? « C'est bon, Stéphane, je suis large ! » En fait, je constate qu'il est plus ric-rac que large. Au début, je lui faisais confiance comme à un adulte, mais quand je vois que certains jours, il arrive avec deux heures de retard, je passe de coulant à ferme. Mais, comme le faisait Fabien, en évitant de le prendre de front. Ce serait totalement contre-productif. Un matin, je l'attends pour 10 heures. Comme convenu la veille, j'ai deux heures à lui consacrer. On a prévu un programme spécifique, il a sa ligne pour lui tout seul… et il se pointe comme une fleur à midi. Il avise toutes les lignes occupées par les membres, je suis en train de démarrer une séance avec un groupe. « On se met où ? demande-t-il.

— T'as qu'à partager une ligne avec deux autres nageurs et tu sauras te débrouiller tout seul. Tu sais ce que tu as à faire, non ?

— Ah, ouais, OK. D'accord. »

Si Théo n'est pas toujours irréprochable, il a pour règle d'assumer ses actes.

*

Nous terminons l'année sur un premier test de tractage avec un prototype de notre future embarcation : la bête pèse trois cents kilos. La vraie dépassera la demi-tonne.

À la même heure, nous passons une journée à l'INSEP, à Vincennes, avec le professeur Richelet afin de réaliser un test d'effort en hypoxie. Ce test va permettre à chacun de connaître sa capacité de résistance et d'adaptation en altitude. Nous poussons l'expérience en respirant un mélange appauvri en oxygène, qui simule une altitude de quatre mille huit cents mètres. Faut pas mollir.

Forts de nos résultats encourageants lors de ces tests, on ouvre le mois de janvier 2021 sur un stage à Font-Romeu, au CNEA – Centre national d'entraînement en altitude –, histoire de bien commencer l'année !

Stéphane Lecat donne l'exemple. Avec lui, nous enchaînons des séquences courtes, mais intenses en piscine. S'ensuivent une immersion dans une eau à huit degrés et des nuits complètes en chambre hypoxique. Le but est que notre corps s'habitue à produire des efforts en dépit du froid et du manque d'oxygène. Pour l'accoutumance au froid, cela se fait petit à petit : trois minutes en maillot de bain dans une eau à huit degrés. Puis un peu plus longtemps, et encore un peu plus. Vous nous auriez vus tous les quatre dans notre grande baignoire, frigorifiés mais essayant de garder le sourire pour la photo !

L'accent est également mis sur l'endurance. Donc travail en salle de sport – dans les mêmes conditions qu'en altitude – sur des machines de musculation, des vélos d'entraînement spécialement équipés, puis retour dans les bassins.

La torture, quoi. Et je ne plaisante pas. Quand on pense que la journée est terminée, qu'on va enfin pouvoir se reposer, dans le but de nous préparer à l'imprévisible, Stéphane nous lance à la volée : « Bon, allez les enfants, on se refait deux petites heures dans l'eau, non ? Pour le plaisir. »

Et le pire, c'est qu'on se les fait.

*

Février 2021, à Tignes. Encore et encore, notre travail se poursuit sur le thème combiné de la résistance au froid, agrémenté cette fois de l'adaptation aux conditions extrêmes. Nous nous essayons à la méthode du Néerlandais Wim Hof, avec un certain Leonardo Pelagotti, expert en la matière. La technique consiste à faire trente à quarante respirations successives en un laps de temps très court, puis retenir sa respiration avec les poumons pleins, puis expirer. Respirer de cette façon n'est *pas du tout* naturel. C'est de l'hyperventilation, mais la maîtrise de la technique nous sera indispensable à l'heure de vérité.

À l'occasion de ce stage, notre guide se nomme Alban Michon. L'explorateur polaire français est un spécialiste de la plongée extrême, en particulier de la plongée sous glace et de la plongée souterraine. Il nous cite en exemple son maître, Paulo Coelho : « Si vous pensez que l'aventure est dangereuse, essayez la routine... Elle est mortelle ! » C'est ainsi que nous sommes initiés à la méthode *We Move*, une méthode qui va nous aider à maîtriser les émotions dans l'eau glacée. En principe, les parties du corps où tu as le plus froid sont les doigts et les orteils. De ce côté-là, je suis tranquille.

Installés pour trois jours sous une tente qui reproduit à peu près l'espace dont nous disposerons sur notre embarcation, nous apprenons à vivre, à travailler, à avancer ensemble dans un lieu clos ridiculement étroit. Mais nous nous adaptons et, finalement, chacun arrive à se ménager son petit coin à soi. Alban Michon nous invite à nous mettre en mode « survie ». Physiquement, il nous fait faire des exercices assez poussés, mais c'est mentalement qu'il va nous surprendre. En nous confrontant au doute.

Nous sommes priés d'imaginer le silence de la nuit, à peine troublé par le clapotis de l'eau noire du lac. Il fait moins dix degrés dehors. Nous sommes à l'abri dans la tente et on avale de la bouffe lyophilisée. Au terme d'un long moment de recueillement, Alban dégoupille sa grenade : « Vous dites que vous allez partir en "autonomie", n'est-ce pas ? Peut-on parler d'autonomie avec un bateau d'assistance qui vous précède à deux cents mètres ? »

Un silence de qualité s'installe en guise réponse. C'est vrai qu'entre « autonomie » et « assistance », il y aurait déjà comme un océan de différences. « Et en plus, ajoute-t-il, vous dites que vous allez relever un défi "écoresponsable". Or, votre bateau d'assistance sera équipé d'un moteur thermique qui va polluer à mort… » Et là, on en reste comme deux ronds de flanc. On hésite à argumenter. Alors l'admirable Alban nous largue son tapis de bombes : « Si un bateau vous assiste, vous serez des sportifs, mais pas des aventuriers. » Voilà bien quelque chose que je ne voulais pas entendre. Sportif, cela fait dix ans que je le suis. Moi, je veux être un aventurier. Faites passer.

On échange alors entre nous et d'un commun accord, nous décidons de nous priver du bateau d'assistance et de réaliser la traversée du lac en « totale autonomie ». On devra déterminer nos caps avec les moyens du bord, nous démerder avec un GPS. Et du coup, sans doute tomber beaucoup plus de cent vingt-deux kilomètres parce qu'on n'arrivera pas à nager super droit. Pour nous, ça change un tantinet la donne, mais ça rajoute à l'expédition une authenticité qui nous ravit.

Renoncer au bateau d'assistance représente une prise de risque, nous en sommes conscients. Nous en parlons avec notre coach, Stéphane Lecat, et avec Anne. Au lieu d'avoir des secours susceptibles d'intervenir en même pas deux minutes, toute opération de sauvetage pourra prendre des heures. S'il y a un truc très grave à gérer, ça va être compliqué. Il va falloir renforcer nos connaissances de base pour les premiers secours.

Mais renoncer à l'assistance, c'est aussi une marque de confiance qu'on se donne à soi-même. On s'engage davantage et ça, ça me plaît. Je ne suis pas spécialement casse-cou, mais je ne suis pas là non plus pour partir en croisière ! Je rêve d'en découdre avec les éléments, les difficultés, l'urgence, les décisions à prendre. Et peut-être, allez savoir, d'en découdre avec moi-même.

J'ai assimilé le fait que je jouais avec ma vie. C'est la première fois que je suis confronté à ce sentiment et je suis excité à cette idée. Je parle de la prise de risque, pas d'un fantasme où il se passerait des trucs horribles. Bien sûr si on réussit notre défi sans avoir mis nos vies en danger, je serai heureux et soulagé, mais au fond de moi j'espère quand même que sur dix jours de traversée, on devra faire face à des complications, des situations critiques. Cette perspective ajoute une sensation que je n'avais encore jamais éprouvée : oui, l'inconnu me fait peur, mais il me stimule.

*

Les stages de préparation ne concernent pas que le physique, l'aptitude à nager vite, la résistance au froid et à la fatigue, mais nous apprennent aussi à identifier des solutions en cas de problèmes de *management*.

On a décidé que Matthieu serait le « décideur ». Avec plus de six cents nuits de bivouac à travers le monde, il est le plus expérimenté d'entre nous. En cas de problème au sein de notre équipe, la décision finale lui appartiendra… S'il voit que je ne me sens pas bien et qu'il me dit de sortir de l'eau, je dois sortir de l'eau. C'est lui qui donne les consignes et nous, on s'engage à les respecter. Tout ce qui n'est pas formulé clairement *avant* peut créer un vrai problème *pendant*, voire mener à la catastrophe.

*

Avril 2021, stage à Annecy. Cette semaine-là, on nous met pour la première fois dans les vraies conditions de la traversée. Pendant une semaine, on va nager deux fois par jour et tracter une embarcation identique à la nôtre. Dormir cinq nuits sur le radeau – nos trois mètres carrés chargés de sachets de victuailles, de matériel, de vêtements, et même d'une corde à linge. Nous sommes à quatre cent quarante-sept mètres d'altitude, ce qui n'est pas très élevé, mais l'eau est à sept degrés et, en plus, on n'est pas loin de la tempête. On prend nos marques. Le but, c'est d'automatiser les roulements : nager à un, à deux, même à trois parfois. Qui commence ? Que font les autres quand un seul est à l'eau ?

Au soir de la première journée, on est morts de fatigue. Le givre commence à faire son apparition, il fait moins deux. 20 heures ? Alors vite, au lit ! On file dans notre « suite ». Et au petit matin à la fraîche, je me réveille avec la sensation d'être dans un cornet de glace – et aussi fatigué que la veille. Ça me perturbe. Autre sujet d'inquiétude, Malia a une épaule douloureuse ; il ne faut pas qu'elle se blesse, elle en fera moins le deuxième jour.

Durant ce stage on aura tous un vrai coup de mou, pétrifiés, à la limite de l'envie de chialer. Nos épaules nous font souffrir, et ce froid ! Au cinquième jour, Matthieu, frigorifié, nous raconte : « J'ai l'impression d'avoir passé la semaine dans un frigidaire, mais à la fin des quatre-vingt-dix minutes de nage, j'ai ressenti un truc extraordinaire. J'ai eu la sensation d'être hors de mon corps. » Il est comme ça, Matthieu.

Pour ma part, ce cinquième jour je ne sens plus rien. Je ne dors presque pas, il faut dire que Malia ronfle comme un tracteur ! J'ai l'impression qu'au lieu de se recharger, mes batteries se vident pendant la nuit et je me réveille à plat. Un matin, je me mets à l'eau comme un zombie, il neige à gros flocons et je ne m'en suis même pas rendu compte. C'est Malia qui me le fait remarquer, toute pimpante depuis le bateau. « T'es sûr que t'as bien dormi ? »

*

Mai 2021. Un jeudi, vers minuit, je reprends ma casquette de comédien et je taille la route en direction de Bordeaux. Arrivée à 7 heures. Pas question d'être en retard. Je joue dans la série *Vestiaires* et on tourne à 9 heures pétantes. Je suis cuit, mais j'ai promis à la production que je serais présent et en forme. À la fin du tournage, je repars avec Anne, direction Vichy cette fois, pour finir la web-série *Tous héros*. Le lendemain, comme tous les matins, avant de quitter ma chambre, je m'envoie un petit pschitt d'eau de toilette… Et là, mon cœur fait un bond dans ma poitrine. Panique, sueurs froides, je ne sens rien… J'ai perdu l'odorat. Je fais aussitôt un test : évidemment, il est positif. J'ai la Covid.

C'est l'affolement. J'ai côtoyé tant de monde ces derniers jours que j'imagine l'armée de « cas contacts » qui vont se retrouver dans la merde à cause de moi. J'ai dix jours de confinement imposé. Au moindre effort, je m'écroule. Dès que je me lève, je vacille. J'ai perdu l'odorat *et* le goût. L'impression de bouffer du carton. Je ne peux plus m'entraîner et je culpabilise. C'est l'enfer.

Et puis je retrouve la bande et les deux Stéphane. Je suis à la ramasse dans l'eau mais, peu à peu, je commence à récupérer des sensations.

Je me crois immunisé contre la poisse. Je chante. Je sifflote.

Je ferais mieux de la fermer.

*

Un soir de juin 2021, je me couche un peu courbatu. Comme d'habitude. Avec pourtant une légère variante : je ressens comme un petit tiraillement à l'intérieur de la cuisse droite. À peine perceptible au début, la douleur s'intensifie. Impossible de trouver une position pour dormir et surtout, j'arrive de moins en moins à bouger ma jambe…

Je ne suis pas tombé, je n'ai pas reçu de choc… Qu'est-ce qui m'arrive ?

Cette nuit-là, je suis seul chez moi. Je voudrais prendre une douche pour me détendre mais je ne peux *vraiment* pas bouger. Une envie pressante d'aller aux toilettes m'oblige à me laisser glisser le long de mon lit et à ramper jusqu'à la salle de bains…

Toute la nuit, je me demande s'il faut ou non appeler les pompiers. Allongé sur le sol dans l'entrée, je me calme : « Ta vie n'est pas en danger, attends demain. » Je prends mon mal en patience et la nuit efface mon angoisse. Vers 7 heures, j'appelle Anne et, en fin de journée, le médecin du Défi Titicaca, le Dr Sébastien Le Garrec, me reçoit à l'INSEP pour un scanner. Résultat : j'ai une fracture au niveau du cartilage osseux entre la hanche et la tête du fémur. C'est pas vrai ! Encore un arrêt ? Mais de combien de temps ? À l'idée d'être à nouveau stoppé dans ma préparation, je suis comme fou. On s'interroge sur la meilleure suite à donner : opération ? simple repos ? anti-inflammatoires ? Finalement, je m'en tire plutôt bien : quelques jours d'arrêt devraient suffire.

Je reprends l'entraînement, conscient de l'avoir échappé belle.

Et là, je me prends un quinze tonnes dans la gueule.

C'est le plus gros chagrin de toute ma jeune existence.

Ce 1er juillet restera à jamais un jour maudit pour moi.

Le jour de la mort de Papy Michel.

Papy Michel… Il n'y a pas de mots pour décrire la douleur. Je garderai toujours en moi ses yeux candides et tout l'amour qu'il m'infusait. Il avait toujours peur que je me fatigue, que je néglige ma santé, que je me mette en danger… Il faisait mine de me gronder, mais il n'était pas très convaincant, car dès que je commençais à lui raconter mes nouvelles aventures, mes rencontres, mes espérances, je lisais dans son regard une immense fierté.

Cette traversée du lac, Papy, elle sera pour toi.

*

Mi-août 2021. Notre embarcation, le *Pachamama*, du nom de la déesse-Terre des Aymaras, population ancestrale du lac Titicaca, est juchée sur une remorque et prend la direction du Havre. Embarquement prévu début septembre pour Arica, au nord du Chili, dans le désert d'Atacama.

Le 6 octobre 2021, dernière séance à Longueil-Sainte-Marie. Un an pile après nos balbutiements. Même température, mêmes maillots de bain, mais cette fois-ci nous nageons nos cinq bornes en une heure et demie. On enfile une veste en sortant du plan d'eau et on retourne à nos affaires. Meilleure nage, meilleure adaptation au froid, meilleure sortie de l'eau.

Enfin, le 10 octobre, retour au CNEA de Font-Romeu pour un ultime stage de quinze jours, concocté par Stéphane Lecat. Le coach ne nous a pas pris en traitre. La couleur a été annoncée par mail quelques jours avant. Je vous résume : de l'intensif, de l'intensif et de l'intensif. Avec un peu de récup. Des bains d'eau glacée, le tout à mille huit cent cinquante mètres d'altitude : deux séances de natation par jour, assorties de deux séances de musculation. La traversée du lac Matemale de jour, de nuit… On échange nos impressions, Malia, Matthieu et moi, et finalement, ce qu'il en ressort, c'est qu'on va devoir donner tout ce qu'on a, et peut-être plus ; mais en fait, d'une certaine manière, ça nous rassure. Il reste juste un dernier petit problème à régler : les ronflements nocturnes de Malia ! Des spécialistes lui ont fabriqué sur mesure une espèce de serre-mâchoires supposé régler le problème. Les mecs qui ont inventé ça, je les bénis !

À trois semaines du départ, on éprouve vraiment le besoin d'être ensemble, dans notre bulle, isolés du reste du monde.

Pour créer les conditions du succès dans une épreuve collective, il faut que le groupe formé par trois individus soudés, devienne plus fort que la somme des trois individualités qui le composent. Cela passe par des situations d'entraînement durant lesquelles – comme dit Malia – ils sont "unis dans la même douleur". Plusieurs fois, au regard du déroulement d'un entraînement particulièrement difficile, nous nous sommes dit : « C'est bien parti, ça matche bien. » Le contenu d'une séance, en fait, n'est pas très important. Ce qu'on veut, c'est qu'à travers l'entraînement, ils arrivent à être bienveillants les uns envers les autres, solidaires avec celui qui est en difficulté.

Dans ces situations de stress, un peu anxiogènes, on recherche un double objectif. Le premier, c'est de développer leurs capacités mentales et physiques ; et le second, c'est de voir comment ils réagissent et interagissent. Dans mon entraînement, je crée ces situations pour voir s'ils sont capables de trouver des solutions grâce à leur capacité à s'entraider. Ceci n'est pas explicité. Je donne des consignes pour tel exercice d'endurance, mais ils ne sont pas idiots, ils savent très bien ce qu'il y a derrière.

Et enfin, le 2 novembre 2021, nous montons dans l'avion pour La Paz.

Allez.

Cette fois, c'est parti !

Chapitre 18

On y est.

Après trois jours à la Paz pour s'acclimater à l'altitude et une conférence de presse mémorable, nous voilà sur les rives de Copacabana, un adorable village bolivien posé à neuf kilomètres de la frontière péruvienne. Je piaffe d'impatience. À la Théo, déjà, je ne tiens plus en place : « Putain, j'en ai marre là, j'en peux plus d'en parler de notre Défi, faut qu'on y aille ! »

On est arrivés ici le 6 novembre et le radeau a été mis à l'eau le 7. Tout au long de la traversée, notre embarcation sera un sujet de stupéfaction pour les populations bolivienne et péruvienne. Parce qu'une comme celle-là, ils n'en ont jamais vu. Normal, c'est un « prototype écoconçu » avec des matériaux issus du réemploi – cuvette des toilettes, bâche de rangement, tente de toit et surtout les coques, l'élément principal, qui proviennent du catamaran de l'équipe du *Plastic Odyssey*, un bateau propulsé aux déchets plastiques transformés. On a quand même prévu un petit moteur électrique pour nous permettre, après avoir dérivé lors d'une pause ou pendant la nuit, de revenir au point où l'on s'était initialement arrêtés, et en cas de situation critique. Le résultat est un radeau de cinq cents kilos – il fallait qu'on puisse le tracter à la nage –, équipé du « confort » minimal, atypique et unique.

Depuis notre hôtel qui offre une vue à tomber sur le lac Titicaca, on peut voir notre *Pachamama* qui nous attend dans les eaux calmes de cette jolie baie, porte d'entrée vers les îles du Soleil et de la Lune.

Le visage d'Anne a repris des couleurs. Elle a bouclé le budget de notre expédition un mois avant le départ et elle avait une tête de déterrée avec une mine de craie ! Au point que je me suis vraiment inquiété pour elle.

À Copacabana, je suis envahie par une joie immense et une grande excitation. Nous sommes si près du but. L'aboutissement de deux ans de travail. En même temps, je me pose plein de questions par rapport à l'imprévisible. On a beau avoir tout balisé, quelle catastrophe potentielle peut nous tomber sur la tête et mettre en péril cette fabuleuse expédition et, surtout, la vie des trois nageurs ? Avec le sourire, je participe à la liesse générale, mais au fond de moi, je suis profondément préoccupée.

S'ensuivent des jours avec un protocole chargé, épuisant. Des obligations, des civilités… Et puis ça caille. Depuis la veille, je le vois bien, Stéphane Lecat tire la gueule. Mais c'est l'autre Stéphane, notre Aveyronnais, qui va apaiser la situation.

Avec Stéphane, on trouvait que les nageurs étaient constamment sollicités. À aller à la rencontre des gamins dans les écoles. À enquiller les réceptions. À multiplier les interviews. Or, ça leur pompe de l'énergie et ils ne récupèrent pas assez. On sait très bien qu'avant un événement, un nageur doit se reposer. Il y a donc eu des discussions assez houleuses. Du coup, moi, j'ai fait le tampon, le relais. Je suis allé voir Steph qui gueulait et je lui ai dit : « Tu as parfaitement raison. Mais là, bon, on va essayer de tempérer. T'inquiète, ça va le faire… »

Jour 1 – Mercredi 10 novembre 2021

Voici – enfin ! – le jour du départ. Devant monsieur le maire de Copacabana et en présence d'Hélène Roos, l'ambassadrice de France en Bolivie, nous sommes faits citoyens d'honneur de la ville. On nous passe des colliers de maïs soufflé autour du cou, les fameux *pasakallas*. Sur la plage, face à un feu et à un baquet d'eau sacrée, avec son châle vert sur les épaules et ses branches de rameaux à la main, une chamane bénit notre radeau, notre *Pachamama*.

Grosse émotion dans les ultimes instants. On rigole, on chiale, adieu, on s'embrasse, puis, escortés par le Club des nageurs de Copacabana, on slalome entre les bateaux de plaisance, et voilà, c'est bon. Enfin, « bon », façon de parler. Car une fois sur le lac, nous allons très vite avoir affaire à des vents de face de dix-huit kilomètres à l'heure, qui arrivent de nulle part – c'est-à-dire bien plus tôt que prévu. C'est le moment d'aller à l'eau. On y va d'abord à trois. Ensuite, je nage seul pendant quarante minutes, mais sur les vingt dernières, je ne dépasse pas les trois cents mètres. Malia écourte alors sa sieste et elle bat son record de lenteur : en trois minutes, elle fait dix mètres…

Inutile d'insister. Les conditions météo ne veulent pas de nous. Bref, il nous faut faire le choix de la sécurité. On se dit que ça ne sert à rien de lutter au risque de se cramer. À 13 h 30, on arrête tout. On se rapproche de la côte avec notre moteur électrique, mais l'ancre ne résiste pas aux assauts de la bourrasque. On va finalement réussir à accoster près de l'île du Soleil. Distance parcourue : 6,2 kilomètres en quatre heures et cinquante minutes. C'est Matthieu qui consigne nos avancées – et nos crispations – dans un journal de bord.

Jour 2 – Jeudi 11 novembre

On se lève à 3 h 30 du matin pour voir s'il est possible de nager. Négatif.

Vers 6 h 30, Malia fait une nouvelle tentative. C'est vraiment compliqué. Le vent castagne à vingt-quatre kilomètres à l'heure. C'est une soufflerie. À mon tour, je m'y essaie et je ne fais pas mieux qu'elle. C'est désespérant, désespéré. Après une heure de combat féroce, abandon général, on remballe. Car maintenant, il y a un orage qui menace, et ici, quand ça tombe, ça tombe…

Dans l'attente d'une accalmie, on va se reposer dans une anse pour s'offrir une petite sieste d'une heure et, vers 10 h 30, le vent retombe enfin. Nous pouvons retourner à l'eau tous les trois. Et là, une belle journée de nage. On est trop contents ! Pour fêter ça, on mange une mousse au chocolat lyophilisée !

Distance accomplie ce jeudi : dix-huit kilomètres.

Morts de fatigue, on va s'amarrer à un ponton près d'une petite plage, à l'abri de l'île du Soleil. Aux alentours de 20 heures, on se couche et on tombe comme des masses. On ne dort pas depuis une heure quand on est réveillés par un bruit de moteur : c'est Malia qui nous joue la sérénade ! On essaie de siffloter, de la réveiller, rien à faire. Du coup, juste par curiosité, on ouvre la petite fenêtre du bateau. Et là, Matthieu lâche : « C'est drôle, je ne reconnais pas du tout l'endroit où l'on s'est arrêtés… » Je regarde le GPS de notre iPad et c'est un fait : on a dérivé sur deux kilomètres par rapport à notre point d'ancrage ! Entre les orages carabinés qui se profilent et le tonnerre qui gronde, pas le choix, on lance à nouveau le moteur pour retourner s'attacher à notre petit ponton abrité.

Une heure plus tard, des grêlons commencent à nous bombarder. Avec le bruit, il faut presque hurler pour s'entendre. On n'est vraiment pas rassurés.

À un moment, je ne sais pas ce qui me prend, un coup de mou ou un accès de nostalgie, mais alors qu'un nouvel éclair vient déchirer la nuit, par association de pensée, je me mets à disserter sur ce qui est pour moi le meilleur éclair à la vanille au monde, celui que fait Thierry Meunier dans la pâtisserie-boulangerie qui est près de chez moi, à Boulogne. Et là, on se fait la promesse que si on s'en sort, on ira y faire une razzia ! C'est alors que Malia sort un truc qui me fait presque marrer : « En somme, ce sont mes ronflements qui vous ont réveillés et qui nous ont sauvé la vie ; sinon on serait peut-être tous au fond de l'eau, les gars, non ? » Pas plus secouée que ça, elle se rendort sur ce magnifique : « J'en ai vu d'autres en Guyane… »

JOUR 3 – VENDREDI 12 NOVEMBRE

Il est 7 h 30, le jour s'est levé, et on est encore là et bien là. Notre embarcation est recouverte de trois centimètres de glace… On n'a presque pas dormi de la nuit mais je sais qu'à un moment, j'ai posé ma tête sur l'épaule de Matthieu et ça m'a fait du bien.

Pas de bol, la météo qui prévoyait un vent favorable de sept kilomètres à l'heure, s'est plantée : l'anémomètre, lui, nous promet plus du double et des vents de face ! On ne pourra donc pas nager. Impossible de reprendre la traversée. Et moi, je deviens fou. J'admire la patience de Matthieu.

Théo ruminait : « Mais cet après-midi, qu'est-ce que je vais faire ? »

Pour lui, c'était impensable de méditer, de se reposer. « Il faut qu'on avance », me répétait-il.

« Théo, il y a un vent de face qui souffle à dix-huit kilomètres à l'heure, et en trois heures on va faire cinq cents mètres, ça n'a aucun sens.

— Mais Matthieu, il faut qu'on avance ! On doit atteindre la frontière. On peut pas se permettre de prendre du retard.

— Mais Théo, tu es sur une plage, au bord d'une île déserte, c'est juste paradisiaque…

— C'est juste chiant…

— Et quand tu nages sans un objectif, c'est comment ?

— *C'est chiant.*

— *Et quand je te raconte des histoires de science-fiction ? De René Barjavel... ?*

— *J'adore !* »

En vérité, Théo a emporté un livre dans ses bagages. Et au fil des jours, il va se mettre à le lire. Un livre de Stephen King. Un roman qui s'intitule Marche ou crève [1]...

JOUR 4 – SAMEDI 13 NOVEMBRE

On doit désormais basculer de l'autre côté du lac. Pour passer des côtes boliviennes aux côtes péruviennes, on doit s'assurer d'avoir une longue fenêtre météo favorable pour ne pas se retrouver au beau milieu du lac cette nuit dans de mauvaises conditions. Ce serait le pire endroit pour avoir des problèmes. Il faudrait pas moins de quatre heures pour l'arrivée des secours... On a hâte de franchir cette étape, car une fois les terres péruviennes atteintes, on pourra se mettre à l'abri si besoin. Ce sera un grand soulagement. Le temps est un peu gris, mais l'eau n'est pas très agitée. Nous nous lançons donc dès 8 heures du matin dans cette traversée.

---

1. Stephen King, *Marche ou crève* (traduit en français par France-Marie Watkins), 1989.

Après nos trois rotations de nage d'une heure et demie chacun, c'est l'heure de la pause. Pause qu'on doit interrompre plus tôt que prévu parce que le vent commence à se lever. On se rend compte qu'on se met à dériver très vite et ce qu'on craignait le plus est en train d'arriver. On décide de remonter au moteur pour passer la nuit le plus à l'abri possible. Et là, c'est le début de l'enfer... Les conditions météo se dégradent à vitesse grand V... Le gris devient de plus en plus noir, le vent de plus en plus violent, les éclairs se rapprochent et les vagues se forment, jusqu'à atteindre un mètre cinquante de haut...

Notre « capitaine » a donné les consignes : moi à la barre, lui et Malia à l'avant pour équilibrer le bateau. On enfile nos gilets de sauvetage et on s'attache. Malia saisit une lampe frontale et la caméra vidéo pour filmer les éclairs qui zèbrent la nuit. Alors que je suis allongé sur la plateforme en m'efforçant de tenir le cap, le radeau plonge à chaque vague et le moteur se soulève hors de l'eau...

Moi, je me répète en boucle qu'on va y passer. Si le radeau se retourne, on se retrouvera dans une eau à dix degrés et on va tous crever.

L'orage se rapproche. On met les ancres flottantes qui se gonflent sous l'eau comme des méduses géantes, et on se blottit tous les trois dans la tente, notre refuge pour la nuit. Dehors, le tonnerre qui roule, le vent qui hurle, une atmosphère de fin du monde. Je demande à Matthieu : « Tu as peur ? »

J'hésite à lui répondre car je pressens – comme lui – qu'il peut vraiment se produire quelque chose de grave. Et j'ai peur pour Malia et pour Théo. Je me dis que s'il leur arrive malheur, je me sentirais responsable. Pourquoi ? Parce que je suis le capitaine. On aurait dû se préparer en amont sur les orages. Et s'il y en a un qui y laisse sa vie et que moi je survis, je m'en voudrais toute mon existence, et je ne suis pas prêt à assumer ça. Alors on a changé de sujet. On s'est mis à parler de nos histoires d'amour…

Dans le noir complet illuminé furtivement par les éclairs géants, ces histoires réchauffent nos cœurs. Et pendant que d'un élan commun nous parons le mouvement des vagues, nous tissons entre nous des liens plus forts que jamais. Petit à petit, la colère de la nuit s'apaise pour céder la place à la poésie de l'aube.

JOUR 5 – DIMANCHE 14 NOVEMBRE

Le vent est tombé avec la pluie, et à 7 heures nous pouvons repartir. Le réveil n'en est pas vraiment un, nos visages sont gonflés par la fatigue. En nous rhabillant, traumatisé par cette deuxième nuit en enfer, nous prenons la décision de ne plus dormir au milieu du lac et de longer la côte. Nous reprenons la nage en changeant de cap. Désormais, nous visons la côte péruvienne.

De retour dans l'eau, je ne sens plus l'envie de nager, comme si cette nuit avait creusé une faille entre moi et ce défi. Et plus le temps passe, plus cette faille grandit et me parle. Elle me souffle dans l'oreille : « Qu'est-ce que tu fous là, Théo… ? »

Et enfin, après quatre heures de nage, on y est ! On a rallié la côte ouest du lac. Le Pérou ! Depuis le départ, on n'a vraiment pas été gâtés par la météo, mais on a quand même eu quelques fenêtres de tir qui nous ont permis de nager un total de quarante-six kilomètres. C'est pas si mal. Pour le reste, on s'adapte. Du moins, c'est ce que je me répète. Mais je me demande si je ne me prends pas un peu le chou. Si je ne me raconte pas des histoires. Parce que ce soir-là, on est encore à deux doigts de s'en prendre plein la gueule.

Des pêcheurs nous voient et, l'air affolé, engagent la conversation avec notre capitaine hispanophone : il faut immédiatement amarrer notre rafiot et nous éloigner de l'eau vite, très vite ! Ils expliquent que c'est « très, très dangereux » de rester là. Qu'il y a un risque réel de se faire transpercer par la foudre.

Un couple de pêcheurs nous invite à le suivre. Ces gens, des gens de peu, qui n'ont quasi rien, nous mènent jusqu'à chez eux, nous ouvrent leur porte et nous préparent un repas. C'est tellement adorable. Pour la nuit, ils mettent à notre disposition leur poulailler, c'est là que nous dormons en compagnie d'une poule pas très en forme... Ces pêcheurs, cet accueil, cette rencontre, ce rêve éveillé, c'est tout ce à quoi j'aspirais à travers cette aventure. Pour moi, ça restera un des moments les plus forts de la traversée.

C'est étrange. Je me sens à la fois ému, attendri, touché – et puis, accablé.

Jour 6 – Lundi 15 novembre

Message de Matthieu envoyé au QG de Puno, au Pérou : « Bonjour tout le monde. Lors de cette sixième journée, nous avons eu un vent de face... Nous sommes ralentis par les conditions. Mille cinq cents mètres nagés à deux en une heure ! Une fois de plus, quand les prévisions nous disent que nous pouvons y aller, la réalité se révèle bien différente. »

Et moi, mes nerfs commencent à se tendre. J'ai envie de dynamiter le radeau.

Jour 7 – Mardi 16 novembre

À 6 heures du matin, j'ai été le premier à nager. Après avoir expédié mon petit déjeuner, j'ai parcouru deux kilomètres en une heure et dix minutes. Ensuite, Malia a pris le relais et Matthieu a terminé la session de nage.

Je trouve que ça n'avance pas. Que c'est interminable. J'en ai marre. Quelque chose est en train de se fissurer en moi. À quoi bon continuer ce truc de malade ? J'ai comme une sensation de ras le cul. De lassitude, de malaise, d'abattement. À ce stade, je suis incapable d'en identifier la cause. Est-ce que c'est l'eau glacée qui paralyse ma volonté ? Je ne pense pas. Alors ce serait quoi, la cause ?

Jour 8 – Mercredi 17 novembre

Nuit difficile. Le vent a soufflé sur la tente. Les flotteurs tambourinaient sur le sable. Impossible de dormir. Impossible de déplacer le radeau avec ce nouvel orage carabiné. Dans ces moments-là, on se retourne pour constater que les autres ne dorment pas non plus. Il n'y a qu'une seule chose à faire : attendre.

Vers 4 heures du matin, la météo s'améliore. Malia est la première à repartir au combat. Tandis qu'elle glisse sur le lac, je m'approche de Matthieu, et ça sort comme ça vient. Je m'ouvre à lui sur mon envie d'abandonner. Il m'écoute avec calme. Puis, sans un mot, il commence à s'équiper pour prendre la suite de Malia. J'envoie une dernière phrase, un rien grandiloquent : « Je suis déterminé, Matthieu. La seule once d'énergie qu'il me reste, je vais l'utiliser à orchestrer cet abandon. » Il ne dit rien. Et moi, je me retrouve là, comme un con avec mes questions, en me demandant où tout ça va mener.

Après une heure de nage, Malia refait surface. Elle a assuré. Je n'ose pas lui répéter ce que je viens d'avouer à Matthieu. Je suis emmerdé, vraiment. J'adore Malia, je voudrais lui expliquer ce qui m'arrive, mais je ne trouve pas les mots. Épais silence sur le radeau.

Quand Matthieu ressort de l'eau, s'assoit sur un flotteur pour récupérer, je ne le laisse pas respirer : « Matthieu ? Tu as réfléchi à ce que je t'ai dit ?

— Ouais… Je ne crois pas que ce soit une bonne idée. »

Et là, j'éclate en sanglots. Je fonds en larmes et je chiale comme une madeleine. En mon for intérieur, j'espérais que Matthieu comprendrait, approuverait et se rangerait à mes côtés. C'était mal le connaître. Et pas besoin de faire un dessin à Malia pour qu'elle devine dans quelle merde on est.

On décide de s'asseoir en rond à l'intérieur du radeau et de livrer chacun le fond de notre pensée. Alors j'attaque et j'explique : je ne suis plus capable d'avancer, de nager, de participer au défi. Je me suis surestimé. Je jette l'éponge. Et je lâche une suggestion à la noix : « Faut peut-être qu'on trouve une arrivée plus proche… ? »

Réponses de Malia et Mathieu : « Pas question. »

Et contre toute attente, voilà Matthieu qui, à son tour, se met à pleurer.

Stupéfaction de Malia. Moi, je suis tellement au fond du gouffre que c'est à peine si je réagis.

Mathieu, aventurier dans l'âme, nous raconte qu'à vingt et un ans – mon âge –, il s'est retrouvé seul à gravir une montagne dans un trek, et qu'à un moment donné – comme moi en ce moment – il a eu envie d'abandonner parce que…

« Parce que ma famille me manquait tellement… »

Silence.

Il reprend : « Je me sentais si seul que je me suis mis à donner à chacune de mes affaires – ma veste, mes chaussettes, ma brosse à dents, ma gourde – le prénom d'un de mes proches les plus chers. Et ça m'a fait vachement de bien, tu sais. »

Il me dit et me répète qu'à vingt et un ans, c'est normal que ta famille te manque. Qu'à vingt et un ans, c'est normal de craquer dans des situations extrêmes. Et moi, ça me parle ce qu'il me dit là. Avant moi, Matthieu a compris ce qui m'arrive. Malia aussi : « Théo, tu souffres d'un déficit affectif. »

À les entendre tous les deux mettre un nom sur mon mal-être, je me sens déjà mieux. Alors Matthieu me suggère d'écrire à ma mère, à mon père, à ma sœur, et de leur confier tout ce que je ressens, toutes mes impressions, mes émotions, ma lassitude. Et tout que je ne leur ai jamais dit : mon amour, mes failles, mes fêlures. Je me précipite sur un bloc de papier et mon stylo. Et je me mets à écrire. J'écris, je noircis des pages et des pages. Et quand j'ai fini, déjà, j'éprouve un début de plénitude...

Mais l'après-midi, c'est retour à la case noire.

Quand Anne arrive sur un bateau avec les journalistes de TF1 qui viennent – comme convenu – récupérer les cartes-puces de notre caméra embarquée et faire quelques images, je redescends de dix étages. En chute libre.

« Je sais que je n'ai pas le droit de vous parler avant l'arrivée [c'est le pacte qu'on avait passé entre nous], mais dites-moi juste si ça va ? », crie Anne. Et Jean-Marie Bagayoko, un journaliste que j'aime bien, en remet une couche : « Vous savez que le monde entier vous suit ? Que la terre entière vous suit ? C'est extraordinaire ce que vous faites ! Vous êtes des *warriors*, vous êtes des *warriors* ! » Là, c'est trop. Je vais flancher. Je ne suis pas en état d'entendre des trucs comme ça, pas maintenant.

C'est à ce moment-là qu'ils voient ma tête. Je sanglote.

« Ça va, Théo ? » demande à nouveau Anne, inquiète cette fois.

Rien ne sort. Je ne *peux pas* lui répondre.

Depuis son bateau, elle désigne le corps, les muscles...

« Tu as mal quelque part ? »

Avec mon moignon, le visage en larmes, je me tape sur le crâne. C'est ma seule façon de lui transmettre – discrètement – ce que je ressens. Je n'ai plus rien dans la tête. Je suis vide. J'ai envie d'arrêter. C'est la première fois de ma vie que j'éprouve ça.

Anne se rapproche pour récupérer les cartes mémoire des caméras. Puis, toujours comme convenu, nos visiteurs rebroussent chemin. Je regarde s'éloigner la silhouette d'Anne qui tremble comme une voile. De retour à l'hôtel, elle entendra le message que lui a laissé Matthieu sur son portable français : « Salut, Anne, peux-tu faire en sorte que demain Théo ait la possibilité de parler à ses parents au téléphone ? »

Et pour achever cette journée déjà riche en émotions, elle est convoquée en urgence par le service d'immigration péruvien qui menace d'arrêter l'expédition : nous aurions dû aller faire tamponner nos passeports à la frontière avant le départ et sommes désormais en totale illégalité. Après plus de deux heures de pourparlers, un accord est trouvé. On l'a échappé belle !

JOUR 9 – JEUDI 18 NOVEMBRE

D'abord, un poste-frontière. On valide nos trois visas péruviens et on nous fait un test de dépistage de la Covid.

Puis, deux heures de route.

Et enfin, un quatre-quatre.

À l'intérieur, je me sens en territoire ami. Il y a mes deux compagnons d'odyssée, Malia et Matthieu, ainsi que Chloé, sa fiancée. Il y a Anne, bien sûr. Et au volant, silencieux, un employé de l'office de tourisme. Il y a surtout du respect. De la discrétion. Car dès que je suis entré dans le véhicule, Anne m'a tendu un téléphone.

Le combiné à l'oreille, je me suis tassé dans un coin. Je chuchote, mais je sais que personne n'envisagerait une seconde d'essayer de capter mes paroles. Au bout du fil ? Maman, Papa, Océane. Et pendant toute notre conversation, je sanglote.

C'est simple. C'est beau. C'est extraordinaire.

Et pour finir, Maman qui, avant de raccrocher, m'envoie au pays merveilleux des rêves : « Tu es le seul et unique homme de ma vie. »

JOUR 10 – VENDREDI 19 NOVEMBRE

Je suis redevenu Spider-Man. Les éclairs, les orages et même les vents du diable, j'en fais mon affaire. Regonflé, je ne vois plus bien ce qui pourrait m'arrêter dans les eaux glacées du lac Titicaca. Je trace comme le squale que j'ai tatoué sur mon flanc gauche. Je suis prêt à nager avec le *Pachamama* sur les épaules.

Il nous reste quand même un petit paquet de bornes à tomber pour rejoindre Puno. Mais pour moi, c'est comme si c'était fait.

Jour 11 – Samedi 20 novembre

En vrai, sur les coups de 7 heures, après avoir nagé trois kilomètres, je sors de l'eau avec du béton dans le corps et une lourde fatigue, mais avec la joie d'avoir pu *vraiment* avancer. C'est alors qu'en regardant le GPS, on se rend compte qu'on a pris le mauvais cap ! Résultat : six heures de plus à barboter avec des glaçons. Entre-temps, bien sûr, le vent s'est levé. S'ensuit une méchante lutte contre les éléments – dont, c'est nouveau, des algues envahissantes. Le dos en morceaux, Malia, qui jusque-là a fait preuve d'un courage dingue, est au bout du rouleau. Elle hurle : « Je veux rentrer chez moi ! » Après ce qu'elle a accompli pour l'équipe, je donnerais tout pour pouvoir la porter. Quant à Matthieu, je peux déjà vous annoncer qu'il va en avaler, des éclairs à la vanille de chez Thierry Meunier !

Dans le chenal d'arrivée vers les îles Uros, nous sommes salués par des dizaines de bateaux et toute la population locale est réunie, à nous attendre pour nous fêter. Ça y est. On y est. On l'a relevé, ce défi de malades ! On en avait rêvé, on l'a fait. Aujourd'hui, le Défi Titicaca est devenu une réalité sur laquelle nous pourrons danser dans nos têtes jusqu'à la fin de nos jours.

*

Des pleurs de fatigue, des pleurs de joie, des pleurs d'émotion.

Des colliers de fleurs, de la musique et des bouteilles de champagne sabrées.

Et de la reconnaissance à la tonne pour tous celles et ceux qui nous ont sans cesse encouragés. Celles et ceux qui nous ont permis de réaliser cette aventure de cinglés, presque inconcevable. Celles et ceux qui ont apporté des sommes conséquentes, ont offert dix euros ou simplement un gros morceau de leur cœur pour nous accompagner dans cette folie.

Le *Pachamama*, notre brave radeau, sera donné à une université qui va conduire des études sur la pollution des eaux du lac et la diversité de ses espèces.

Voilà.

Et moi, je n'ai plus qu'une idée en tête. Elle porte le nom d'un petit village de Meurthe-et-Moselle. Rehainviller.

Maman, Papa, Océane.

Et puis un homme déguisé en soleil. Un homme aux yeux candides. C'est lui qui nous a aidés. C'est lui qui nous a poussés. Lui qui nous a fait tenir face aux vents, aux orages, au froid et au découragement. C'est même lui, parfois, qui a tiré le radeau.

Papy Michel.

Cette traversée, Papy, elle est pour toi.

À jamais.

Épilogue

Je n'aurai pas le culot de vous infliger des citations de Rabelais, de Victor Hugo, de Lamartine – il y a des limites à l'escroquerie – aux seules fins de résumer, d'expliciter, d'embellir ma (très) modeste philosophie de la vie. Mais j'ai quand même repéré et entouré cette réflexion d'un créateur à ma portée, Walt Disney, le père de Mickey. Écoutez-moi ça : « Pour réaliser une chose vraiment extraordinaire, commencez par la rêver. Ensuite, réveillez-vous calmement et allez d'un trait jusqu'au bout de votre rêve sans jamais vous laisser décourager. » Voilà. Pour moi, tout y est, tout est dit. Et je rejoins également Mickey dans sa façon de surmonter les emmerdements – et de rebondir à chaque fois. Rebondir, c'est le maître mot.

Grâce à l'amour sans limites de mes proches, de mes amis, grâce à l'implication, aux encouragements et à toute l'affection de celles et ceux qui ont croisé et croisent mon chemin, valides ou non, infirmière, pilote de montgolfière, aidant, soutien scolaire, entraîneur, réalisatrice – la liste est infinie ou presque – et grâce enfin à mes fidèles *followers* qui me donnent cet influx que j'essaie de leur renvoyer du mieux que je peux, eh bien oui, j'ai réussi à transformer ces nécroses, ces membres noirs, ces amputations, bref, ce cauchemar inattendu en un bouquet de fleurs sauvages. Et c'est cela que j'ai essayé de transmettre à travers ce livre. Comment encaisser les coups. Comment se relever. Comment se relancer en appliquant les consignes d'un auteur lui aussi à ma portée, le père du *Petit Prince*, Antoine de Saint-Exupéry : « Fais de ta vie un rêve, et d'un rêve, une réalité. » Je suis très fier, je ne m'en cache pas, d'être l'ambassadeur d'une grande marque de cosmétiques, de faire la une des magazines, de tourner dans *Plus belle la vie* et *Handi Gang* – un *Handi Gang 2* est dans les tuyaux. Au passage, depuis mon enfance j'ai toujours eu l'impression d'être privilégié, choyé, protégé, aimé. Et tout cela se conjugue, évidemment, quand je retourne faire un coucou à Rehainviller, avec l'immense bonheur que j'ai de boire des canons avec Axel et Alex – et tous mes vieux potes à jamais.

Cette année 2022, je vais avancer sur mon nouveau projet d'aventure dans les mers d'Afrique du Sud, prévu fin 2023. Et en décembre prochain, je serai le premier athlète handisport à m'aligner sur le marathon aquatique – cinquante-sept kilomètres – qui relie les villes de Santa Fe et Coronda, en

Argentine. Ce ne sera pas de la tarte. C'est presque de la folie. Ce marathon, un Français l'a déjà gagné à quatre reprises. Ce compatriote, c'est un monstre, un ogre, un titan de la discipline, et la bonne nouvelle, c'est qu'il s'agit de Stéphane Lecat. Alors si j'ai la moindre chance de parvenir à mes fins, ce sera grâce à son expérience.

Pour toutes les raisons que j'ai développées dans ce livre, j'ai prévenu nos instances que je ne ferai pas les prochains Jeux paralympiques – à moins d'une prise de conscience révolutionnaire de leur part à laquelle, en l'état, je ne crois guère. En revanche, j'ai l'immense honneur de faire partie de la Commission des athlètes pour les JO de Paris 2024. Et je leur ai proposé mon aide. Pour le compte Instagram de ces Jeux de Paris 2024, j'aimerais tourner des vidéos dans lesquelles nos athlètes sélectionnés – ainsi que les femmes et les hommes de l'ombre : préparateurs, kinés, diététiciens, médecins, etc. – pourraient échanger en direct avec le public. Le comité d'organisation m'a vivement encouragé à développer cette idée et, bien entendu, cela décuple ma motivation.

Respect des mers et des océans. Rêve. Rebondir. Projet. Demain. Se réinventer. Se dépasser. Se surpasser. Vouloir toujours tutoyer l'extrême – et pourquoi pas décrocher la lune. Je rabâche ces mots, ils sont devenus ma respiration. Depuis cette foutue méningite, je les ai mis en pratique et j'ai été récompensé par des feux d'artifice. Alors ce qui va suivre va peut-être vous choquer, peut-être, mais je l'assume. Par un coup de baguette magique, à l'occasion, si un sorcier avait les pouvoirs de me rendre mes bras, mes mains, mes jambes et mes pieds, que ferais-je ?

C'est cette différence qui aura fait ma force. C'est cette différence qui m'a permis de vivre toutes ces choses hors du commun – et de rencontrer, à tous les niveaux, des gens fabuleux de générosité. Et ainsi j'ai réussi à troquer cette maladie de merde contre ce magnifique bouquet de fleurs sauvages dont je viens de vous parler.

Alors je dirais non au sorcier. Je lui dirais de remballer ses tours de magie, ses pieds, ses mains – et de passer son chemin.

À y réfléchir, cette maladie aura été la Chance de ma Vie.

REMERCIEMENTS

Mes parents, Océane, Fabien, Anne Bayard, Bilal, la famille Duval, Marie-Laurence, Laure Noisette, Stéphane Lecat, Stéphane Garcia, Matthieu Witvoet, Malia Metella, Sophie Vellard, Émeline, Maël, Nathan, la famille Millet, Stéphanie Pillonca, Stéphane Maitre, Karen, Christine, Zaza, Momo, Michel, Raphaël, Mamie Dominique, Mamie Françoise, Patricia, Sandrine, Sophie, Laurent, Fabrice, Dr Barbary, Dr Deblay, Mickaël, Benjamin, Élodie Rigolet, Jean-Christophe Bonnardel, Medhi Harbaoui, Marina Carrère d'Encausse, Anne-Laure Briand-Thomas et les équipes de l'ensemble de mes partenaires. Dominique Bonnot pour son aide à l'écriture de ce livre. Et Véronique de Bure, notre éditrice.

Cet ouvrage a été mis en pages par

<pixellence>

Imprimé en France par CPI
en avril 2022

Dépôt légal : mars 2022
N° d'édition : L.01ELKN000877.A003
N° d'impression : 170026